D0132366

AUTÓGRAFO

Este libro pertenece a

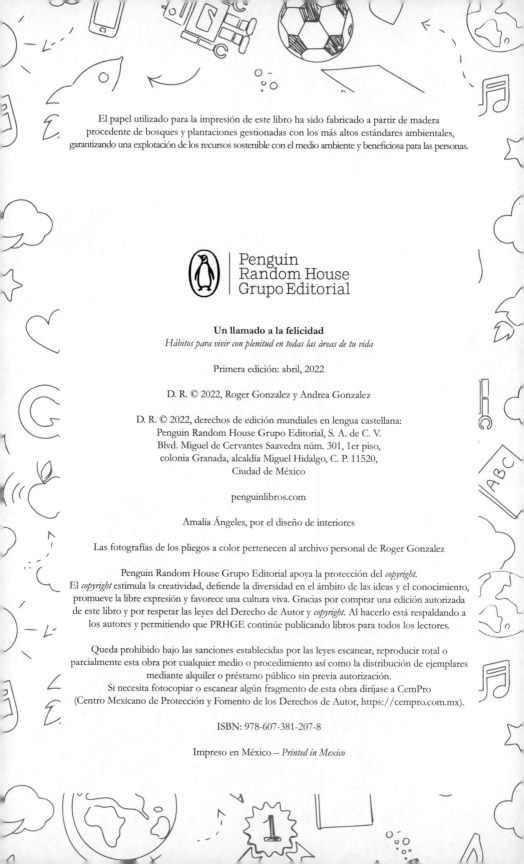

El papel utilizado para la impresión de este libro ha sido fabricado a partir de madera procedente de bosques y plantaciones gestionadas con los más altos estándares ambientales, garantizando una explotación de los recursos sostenible con el medio ambiente y beneficiosa para las personas.

Penguin
Random House
Grupo Editorial

Un llamado a la felicidad
Hábitos para vivir con plenitud en todas las áreas de tu vida

Primera edición: abril, 2022

D. R. © 2022, Roger Gonzalez y Andrea Gonzalez

D. R. © 2022, derechos de edición mundiales en lengua castellana:
Penguin Random House Grupo Editorial, S. A. de C. V.
Blvd. Miguel de Cervantes Saavedra núm. 301, 1er piso,
colonia Granada, alcaldía Miguel Hidalgo, C. P. 11520,
Ciudad de México

penguinlibros.com

Amalia Ángeles, por el diseño de interiores

Las fotografías de los pliegos a color pertenecen al archivo personal de Roger Gonzalez

Penguin Random House Grupo Editorial apoya la protección del *copyright*.
El *copyright* estimula la creatividad, defiende la diversidad en el ámbito de las ideas y el conocimiento, promueve la libre expresión y favorece una cultura viva. Gracias por comprar una edición autorizada de este libro y por respetar las leyes del Derecho de Autor y *copyright*. Al hacerlo está respaldando a los autores y permitiendo que PRHGE continúe publicando libros para todos los lectores.

Queda prohibido bajo las sanciones establecidas por las leyes escanear, reproducir total o parcialmente esta obra por cualquier medio o procedimiento así como la distribución de ejemplares mediante alquiler o préstamo público sin previa autorización.
Si necesita fotocopiar o escanear algún fragmento de esta obra diríjase a CemPro (Centro Mexicano de Protección y Fomento de los Derechos de Autor, https://cempro.com.mx).

ISBN: 978-607-381-207-8

Impreso en México – *Printed in Mexico*

UN
LLAMADO
A LA
FELICIDAD

Hábitos para vivir con plenitud
en todas las áreas de tu vida

Roger Gonzalez
Andrea Gonzalez

AGUILAR

ÍNDICE

Roger: a mis padres.
A mi familia, a Andy, Alan, Gaby, Mía, Edy y Pato.
Y para ti, que has crecido conmigo:
nunca olvides que los sueños se hacen realidad.

Andrea: para la siempre
Luna de mi vida y mi Maguita.

PRÓLOGO

Pocos sentimientos nos producen tanto gozo como los que nos acompañan cuando descubrimos algo nuevo. Son emociones que aparecen cuando la verdadera realidad que estaba oculta se revela ante nosotros regalándonos una nueva vida desde la consciencia.

El descubrir no sólo es revelar nuestros espacios ocultos o no conscientes, en realidad el descubrir tiene un sentido mucho más amplio, es comprender a profundidad la raíz de nuestras propias experiencias. Y comprenderlas es clave para nuestra evolución y crecimiento.

Vivimos en un mundo que honra las superficies y las apariencias. La imagen y la importancia que les damos a los envoltorios es un falso sostén que quiebra cualquier sueño sembrado en nuestro deseo. Al parecer, nuestra mirada ha quedado atrapada en una ilusión de formas de la que nos cuesta mucho trabajo salir.

Las experiencias recientes, vividas desde el 2020 con el confinamiento mundial a raíz de la pandemia, nos obligaron a salir de ese mundo de las apariencias y enfrentarnos con nuestra verdadera esencia que pide con urgencia ser sostenida y abrazada.

Descubrir(nos) es atravesar el mundo de las apariencias y bucear por las profundidades de nuestro ser a partir de un trabajo de introspección amoroso para hacer consciente nuestro proceso, que con voluntad decidimos comenzar a resignificar.

Nuestro mundo está despertando y nos damos cuenta de eso. Nos estamos mirando porque ya no tenemos ninguna otra salida más que dirigir esa mirada hacia nosotros para movernos de lugar, hacia un espacio más real. Un sitio en el cual empezamos a observar nuestra mente y nuestro comportamiento para llevar a cabo las acciones más precisas y adecuadas para nuestro cambio hacia un bienestar integral.

Este libro pretende ser un primer paso para volver a casa. Para recordar que nuestro despertar es en todos los sentidos. Que nuestra esencia está perfectamente unida con todos los espacios de nuestro ser físico, emocional y espiritual. Que es urgente mirarlos y atenderlos para rescatarnos nuevamente. Se trata de abrir nuestras alas (a partir del acceso a una información que nos guíe) para volar libres de toda programación y creencia que nos impida vivir en plenitud.

Nacemos con capacidades insospechadas que nos permiten crear mundos infinitos donde transformamos el fondo en aprendizaje, desplegando nuestra lucidez hacia la expansión y el crecimiento. Al parecer, nuestro guion vital está predefinido por tantos factores externos que en algún momento nos convencimos de que era la única forma de existir. A través de nuestras palabras queremos que dudes, te cuestiones, te inspires, te identifiques y comiences un camino genuino y amoroso de autodescubrimiento y aprendizaje.

Este libro te ofrece una guía vital y profunda que te acompaña en tu andar hacia el reencuentro contigo. Te invita a mirar hacia adentro, donde están todas las respuestas que resignificarán tu forma de vivir cuidando de tu cuerpo, de tu mente y de tu espíritu para trascender todo aquello que te limite a vivir más pleno y feliz.

Sin más palabras, te invitamos a caminar juntos, a reír y aprender, a compartir y sentir, ¡vamos, no te arrepentirás!

Roger y Andy

INTRODUCCIÓN

¡Hola de nuevo! Ya te extrañaba por aquí. Estoy muy emocionado por encontrarte otra vez en una nueva aventura en estas páginas. Tengo que confesar que me siento muy nervioso al ver la primera hoja en blanco. Lo mismo me pasó cuando escribí *Que la magia continúe*, sentía muchos nervios al ser mi primer libro, pero también mucha emoción por emprender algo completamente nuevo. Justamente es esa emoción la que me lanza a querer encontrarme contigo otra vez y de esta manera, una forma muy distinta de la que estás acostumbrada o acostumbrado a verme.

Muchos de ustedes se dieron la oportunidad de conocerme fuera del personaje televisivo con el primer material que publiqué en 2017. Un libro con el cual inicié mi camino en un mundo completamente desconocido para mí, una industria nueva y definitivamente una aventura que jamás olvidaré y que cambió mi vida.

Que la magia continúe nació en Argentina, mientras vivía una de las etapas más importantes de mi vida, 10 años de trabajo continuo en Disney Channel. Durante ese tiempo escribí muchas de mis experiencias profesionales dentro de "El maravilloso mundo de Disney". Pero no sólo te conté de mi vida profesional y las oportunidades increíbles que viví trabajando en Disney, también escribí sobre mi crecimiento personal en un país completamente distinto al mío y tan lejos de mi familia (definitivamente, eso me hizo madurar).

Siempre encuentro en la escritura un lugar donde me siento más cómodo; desde pequeño he escrito, es mi forma de hacer catarsis, sacar mis emociones y pensamientos, conocerme, depurarme y crecer. Cada vez que tengo oportunidad de decirlo en entrevistas, conferencias o seminarios con jóvenes, recomiendo hacerlo. Escribir un libro nos obliga, como autores, a echarnos un clavado dentro de nosotros, éste es el primer paso para el crecimiento. Escribir me hace un mejor ser humano.

Con mucha incertidumbre y muchos nervios lanzamos en México y a nivel internacional *Que la magia continúe*. Aunque mi casa editorial estaba segura de que mi primer libro sería un éxito yo tenía mis dudas. Creo que era normal, algo nuevo en mi carrera y también para ustedes, que habían crecido conmigo durante varios años.

Recuerdo que para el día del lanzamiento la editorial consiguió la Sala Magna del Palacio de Minería, un espacio que se otorga solamente a autores reconocidos que presentan sus libros, ¡se imaginan lo nervioso que estaba ese día al presentar mi primer libro en ese lugar!

Como si todo eso no fuera suficiente, y sumando más elementos que me hicieron sudar el traje azul que usé aquel día, mi familia había viajado de Monterrey a Ciudad de México para acudir a la presentación. Para el evento invité a mi hermana Andy a leer el prólogo que ella escribió. Todo eso hacía que mi corazón latiera tan acelerado desde horas antes del lanzamiento, que casi se me iba el aire por lo nervioso que estaba, me sentía dentro de una película.

Cuando íbamos en la camioneta rumbo al Palacio de Minería ——el recinto que cada año acoge la feria que abre el circuito literario de lanzamientos de libros en México——, la editorial me llamó para decirme que estaban sorprendidos, pues el espacio estaba completamente lleno y habían tenido que cerrar las puertas porque afuera de la sala cientos de personas también querían entrar a la presentación y no había más lugares.

Estoy seguro de que entenderás mi impresión en ese momento, estaba profundamente emocionado y agradecido de tener sala llena; por otro lado sentía una responsabilidad enorme por lo que estaba a punto de presentar. En ese libro estaba mi corazón y la versión más sincera que nadie había conocido de mí, en cada uno de sus capítulos había una parte muy importante del verdadero Roger; ¿cómo lo recibirían? ¿Les gustaría o no? ¿Me estaba exponiendo mucho? ¿Valdría la pena incursionar en algo totalmente nuevo para mí? Esas y otras preguntas pasaban por mi mente minutos antes de llegar al Palacio de Minería.

Quiero decirte que aquel día fue uno de los más importantes de mi vida. Lo que pasó dentro de esa Sala Magna fue mágico (no puedo describirlo de otra manera). Mi hermana leyó el prólogo por primera vez en público, y unas líneas después, muchísimas caras en el público tenían lágrimas de emoción… Yo, yo era un mar de lágrimas también. A partir de ahí, varias personas del público empezaron a levantar la mano para compartir algunas palabras y las siguientes horas fueron inolvidables.

Después de esa experiencia, todo, absolutamente todo lo que trajo para mí ese libro han sido bendiciones. *Que la magia continúe* tocó el corazón de miles y miles de lectores, y a los tres meses se convirtió en bestseller en México. No tengo palabras, no puedo estar más agradecido y emocionado con cada uno de ustedes, que leyeron mi primer libro.

Después de ese lanzamiento llegaron meses y meses de gira presentando *Que la magia continúe* en diferentes ciudades del país y fuera de México. Ha sido una de las etapas más hermosas de mi carrera. Por primera vez tuve la oportunidad de verlos personalmente sin una cámara entre nosotros. Aquellas presentaciones significaron la gran oportunidad de conocerlos de verdad, más allá de las redes sociales, en una relación más sincera y auténtica. Ahora sí imaginarás por qué decidí volver a enfrentarme a una página en blanco.

Acá estamos, tú y yo juntos de nuevo, en esta nueva aventura. Siempre que puedo, lo menciono al dar entrevistas: la relación que tengo con ustedes es mucho más grande que la de cualquier otra figura o artista. Son parte de mi vida, hemos crecido juntos como una gran familia.

Cuando la editorial me propuso entregar un nuevo material, sin dudarlo les dije que sí. Lo que hicimos con nuestro primer libro superó mis expectativas y las de todo mi equipo de trabajo ¡y hasta las de la editorial! ¿Cómo no volver a hacerlo?

Mi primer material, más allá de contar todas mis experiencias dentro de Disney Channel, habla sobre los procesos que viví durante esos 10 años de maduración y aprendizaje de muchos temas que me fueron transformando en el hombre que soy ahora. Fue un libro que inspiró a miles de lectores y al mismo tiempo me inspiró a mí. ¿Se dan cuenta?, todo se regresa en esta vida. Cada uno de sus comentarios sobre el libro me llegaba a través de redes sociales, cada una de sus palabras me llegaba al corazón y eso me inspiraba cada vez más a crear este segundo libro. ¿De qué escribiría ahora? Quiero decirles que ustedes son los creadores de este segundo material.

A través de los últimos años y de mi enorme fascinación por tener contacto con ustedes en redes sociales, se fue definiendo la línea de este segundo libro con preguntas como, ¿qué haces para ser tan feliz? ¿Cuál es el secreto para verte tan joven? ¿Cómo le haces para sentirte tan bien? ¿Por qué viajas tanto? ¿Qué comes? ¿Cuál es tu rutina de ejercicio? ¿A veces te sientes triste?... ¿Cuál es tu secreto?

Entre ustedes y yo no hay secretos. Y aunque poco podía responder ante tantas preguntas a través de Instagram, Facebook o Twitter, creo que llegó el momento de escribir en este libro las respuestas a esas y otras tantas preguntas, por ello les comparto una guía de cómo fue mi proceso personal para sentirme hoy plenamente feliz y genuinamente realizado.

No ha sido un proceso fácil, pero hoy puedo asegurarles que soy el hombre que siempre quise ser. Para este libro no tenía la menor duda de que la base emocional y la base espiritual tendrían que ser dos temas importantes, pues han sido los pilares de los cuales he aprendido más durante los últimos años para mi desarrollo personal.

Ya que estos dos puntos eran tan importantes para mí, la primera persona (y mi favorita) para invitar a colaborar en la escritura de estas páginas fue alguien que siempre ha sido mi guía y gurú en estos temas: mi hermana Andy.

Una vez más mi hermana está conmigo en un nuevo proyecto, pero desde una parte fundamental para la realización de este libro. Ella ha sido muy importante para mi desarrollo como ser humano. Más allá de ser mi hermana y de las personas que más amo profundamente, es una mujer muy inteligente y sus consejos me han ayudado a superar muchas adversidades en la vida en numerosas ocasiones. Ha sido sin duda mi salvavidas y ese gran faro que siempre me guía con mucho amor.

Ha estado conmigo en los mejores y en los peores momentos de mi vida, en los días más luminosos pero también en los más oscuros, y sus palabras siempre han sido sanadoras en los momentos complicados. Así que en estas páginas quiero que le des la bienvenida a tu vida a una mujer que te ayudará a sentirte mejor y que de ahora en adelante podrás considerar también parte de tu familia, tú bien sabes a lo que me refiero, a esa familia que elegimos.

En los últimos años mi hermana ha ayudado a cientos de jóvenes a superar numerosos problemas emocionales. Creo que hoy en día es mucho más difícil vivir la adolescencia que hace algunos años, sin duda las redes sociales han potenciado mucho los problemas emocionales por los que todos pasamos en esa etapa, ¿no crees? A veces prefiero no recordar lo inseguro que era en mi adolescencia.

Por eso quiero aclararte que esta obra es un libro de autoconocimiento, exploración, consciencia y, lo más importante, de desarrollo. Sentirte feliz, pleno y realizado es muy fácil, quizá el proceso lleve tiempo y esfuerzo, pero créeme, una vez que aprendas los conceptos básicos y los pongas en práctica, todo tendrá sentido y tu vida cambiará… te lo aseguro.

Éste no es simplemente un libro de autoayuda, es un libro que hacemos de todo corazón basado en nuestra propia experiencia, en cada una de las vivencias que hemos tenido y, mejor aún, en los cambios que hemos realizado en nosotros y nos han funcionado para ser nuestra mejor versión. A lo largo del libro nos detendremos en tres aspectos básicos para transmitir esa realización que nos gustaría que tú experimentes. Los aspectos físico, emocional y espiritual. Desde un principio, al trabajar en mi cambio personal aprendí de grandes "maestros" y muchos libros importantes sobre estos tres pilares. Hice los ajustes necesarios y me fui desarrollando de tal manera que comencé a ver cambios en mí y más tarde en mi vida.

Verme bien, como muchos me comentan constantemente, no significa sólo ver "el cascarón", verse bien es sinónimo de sentirse bien. Y estoy convencido de que el cambio comienza dentro de ti, nunca al revés. Hay muchas personas que basan su trabajo y esfuerzo (y hasta dinero) en cuidar ese "cascarón" pensando que es lo único que ve la gente, cuando en realidad están desatendiendo lo que tienen dentro, y tarde o temprano eso se verá a simple vista. El desarrollo personal, insisto, comienza por dentro, es ahí donde vamos a trabajar en estas páginas para hacerte sentir bien y que te veas bien, para que brilles como resultado de un trabajo interno.

Aprender sobre estos tres pilares y ecualizarlos correctamente te hará sentir mucho mejor. Una vez más, te invito a confiar en mí y a dejarte llevar en estas páginas. Tener una mente abierta y aceptar con humildad nuevos conceptos te ayudará a experimentar más fácilmente los cambios en ti.

Nuestro propósito es que al terminar este libro sientas un cambio verdadero e inicies tu propio camino al autodesarrollo, en pocas palabras: mi hermana y yo queremos que te sientas feliz y experimentes esta sensación todos tus días. La verdad no hay satisfacción más grande que irse a la cama agradeciendo por todas las bendiciones de la vida, y por haber vivido un día fantástico, lleno de de risas, buenas experiencias, aprendizaje y rodeado de las personas que más amas: ése es nuestro deseo para ti.

De nuevo, ¿estás listo o lista? Siempre que tengas la oportunidad, te recomiendo leer este libro al aire libre, en un parque, en tu jardín, en la playa o cerca del bosque. Estas páginas fueron escritas en muchos de estos lugares, sintiendo el aire en mi cuerpo y escuchando el sonido de la naturaleza.

Toma nota o subraya lo que más te llame la atención, siempre hago eso con los libros que leo. Además, es una buena guía para cuando presto mis libros a personas que amo, para que pongan especial atención en las cosas que señalé mientras leía. Últimamente me encanta prestar o regalar a mis amigos y amigas los libros que van cambiando mi vida, es otra de las cosas que te recomiendo. Un buen libro que te cambie la vida es uno de los mejores regalos que puedes hacer para una persona que amas. También en este segundo libro vuelvo a incluir esos tweets que he compartido públicamente y que reflejan algo más personal que público... ¡espero que los disfrutes y me digas cuáles son tus favoritos! #TweetsConMagia.

    ¿Preparado? ¿Preparada? Disfruta el viaje, deseo de todo corazón que este libro felizmente te cambie la vida.

TWEETS CON MAGIA

Qué bonito es estar con alguien que te recuerda constantemente lo esencial de la vida. Hay que juntarnos con las personas que no necesitan "cosas" para ser felices.

Tirar mala onda a los demás sólo genera que la vida te cierre oportunidades en todos lados. Te haces más daño que a quien criticas o le pones el pie.

¿Te has dado cuenta de que hay personas que SIEMPRE tienen un problema para sentirse vivos?, y si no lo tienen lo BUSCAN o lo PROVOCAN, pero SIEMPRE quieren sentir que tienen un problema para considerar que valen la pena.

Mueves tu cuerpo, mueves tu mente. La gente que se la pasa sentada en su sillón así está del cerebro: inmóvil.

¿Se han dado cuenta de que últimamente la gente está muy sensible? Es comprensible. En estos días la gente busca (y encuentra) placer en señalar los errores de los demás; esto es un claro ejemplo de lo que tiene dentro.
¡Vamos a desintoxicarnos promoviendo más amor!

No me preocupo con frecuencia. De hecho, pocas veces siento preocupación. No le doy importancia a lo que realmente no es importante, grave o urgente para mí. Sólo presto atención a lo que es real, una sonrisa, una mirada, a mi conexión con las personas que amo.

Lean, lean y mucho. Si no te gusta leer, no aprenderás a comunicarte correctamente, y si no comunicas bien, mucho menos sabrás NEGOCIAR. Te aseguro que dominar el lenguaje en una plática te dará 99% de posibilidades de triunfar.

Diez años trabajando para Walt Disney Company fueron una buena escuela sobre cómo se desarrollan proyectos y cuáles son las mejores prácticas para hacer estrategias de marketing exitosas.

Una de mis grandes pasiones es conectar con las personas, también sé que esas personas conectan con otras, el sentido de COMUNIDAD me encanta, ayudarnos unos a otros y COMUNICARNOS.

Dicen que lo que crees, lo creas. Por eso fíjate en lo que piensas. Si piensas que tu vida es extraordinaria, ¡LO ES!, si piensas que te tu vida es una mierda, ¡TAMBIÉN LO ES! Usa tu cerebro a tu favor, que no te juegue en contra.

La FRUSTRACIÓN y la INFELICIDAD de muchas personas es resultado del mal acomodo de sus PRIORIDADES. Si pones como prioridad cosas incorrectas o que no deben serlo, más adelante provocarán en ti vacío, infelicidad o frustración. Haz una lista cuidadosa de tus PRIORIDADES.

Te voy a sugerir una locura: haz y piensa todo lo contrario a lo que la mayoría hace y piensa.

Cerrar la boca y ver más lo que pasa dentro de ti que lo que ocurre en el exterior te encaminará a la sabiduría. Las respuestas jamás se encuentran AFUERA.

INTRODUCCIÓN

Aquí estoy de nuevo, compartiendo mis letras de la mano del "mago de sonrisa limpia y corazón despejado". La verdad es que cuando este humanito me toma la mano y me invita a crear, todo se pone a sonreír. Este humanito de infinitos sueños y profunda creatividad es mi hermano. Gracias a su presencia constante en mis días me he contagiado de su clara, bella y firme filosofía de vida. Ahora abro mis brazos e intuición a su mentecita compleja (pero de corazón profundo) con absoluta confianza y seguridad para decirles que estamos aquí para compartir nuestra experiencia de vida y tocar algunos corazones, resonar en ellos a través de nuestra apertura del corazón y, sobre todo, decirles que no estamos solos en nuestras historias de vida. Que las experiencias compartidas unen, fortalecen y sanan. Como todos, hemos atravesado por situaciones sensibles que nos confrontan con lo más íntimo de nuestro ser; hoy, mi hermano y yo tenemos la absoluta certeza que de los fondos más profundos obtenemos los aprendizajes más bellos y significativos. No me gustaría (y no me inspira) ponerme sólo en el personaje de psicoterapeuta, por lo tanto, te cuento lo siguiente.

Hace algún tiempo comprendí que era imposible acompañar a otros en sus procesos personales sin abrir y compartir mi corazón. No sólo se trata de una cuestión de conocimientos adquiridos a través del estudio, pues con sólo eso resulta imposible conectar.

El viejo modelo de los analistas y psicoterapeutas con cierta distancia física y emocional, y con una restricción y contención de sus propias emociones en el momento terapéutico era obsoleto para mí, sobre todo limitante. Abrir mi corazón y permitirme sentir el del otro es para mí un camino esencial para la construcción de una conexión y relación terapéutica.

A través de nuestras letras deseamos que encuentres algún sentido que resuene con tus propias historias de vida. Ha sido inevitable vivir experiencias complejas y difíciles desde el 2020; la pandemia y el confinamiento nos enfrentaron de una manera abrupta con lo más hondo de nuestro ser. Nuestros pendientes emocionales tomaron fuerza ante la ausencia de fugas externas. Nuestras relaciones más cercanas y de convivencia se desbordaron y se redujeron los intercambios, derivando en una vulnerabilidad descontrolada. Nadie se salva. Todos estamos en el mismo barco. Por primera vez en la historia, coincidimos de manera colectiva en una montaña rusa emocional imparable debido a una inestabilidad externa lejos de nuestro control.

Asimismo, recordamos que las crisis son para trascender (crecer). Recordamos que nuestras experiencias dolorosas no son únicas, y que compartirlas regenera nuestro sentido de pertenencia y de esperanza. Atravesar nuestras noches oscuras del alma en compañía y resonancia no sólo es regenerador para nuestro ser; también está el placer y la satisfacción que nos obsequia el otro al aceptar nuestra compañía desde su verdadera esencia.

> *Porque aquel que expone su vulnerabilidad, revela su fortaleza.*

El único objetivo de este libro es mover el interior de cada ser para que se sienta acariciado por la compañía de dos personas que deseamos con todo nuestro corazón tejer una red de hilos fuertes y apoyo real donde nos espejeemos entre todos, sabiendo que los fondos se comparten y que el desacomodo es un comodín universal, pero el regreso a casa también. Encontrar tierra que pisar cuando nos ausentamos de nosotros es un regalo para el alma.

Debemos profunda gratitud a nuestros hilos firmes y sutiles que resguardan nuestra red. Este libro pretende ser un hilo más que conecta y aguarda en silencio la oportunidad de resonar en ti igual que lo hizo con mi hermano y conmigo al caminar a través de su proceso de creación.

Un libro que desea mover tu interior hacia la actualización e inspiración de tus potenciales insospechados. Que se quede en ti y se convierta en semilla para tus pies y en alas para tu corazón.

TWEETS CON MAGIA

Definitivamente la pandemia INSPIRÓ a músicos y artistas para que HOY regresen poco a poco a sus escenarios. HOY esos artistas se sienten más vivos que nunca. Dios bendiga a quienes tienen el talento de emocionar a otros seres humanos e inspirarlos.

Me costó años aprender que la vida es mucho más que sólo trabajar. El problema de no tener un equilibrio entre tu profesión y tu vida es que terminas creyendo que la REALIDAD es lo que vives en el trabajo, cuando lo cierto es que es sólo una atmósfera fantasiosa que tú creas.

Creo que hay tres tipos de personas que jamás (y por más que quiera) me caerán bien: las impuntuales, las chismosas y las negativas.

Mi recomendación: nunca dependas de un solo trabajo. Siempre es una bendición tener trabajo, pero tener tu propio pequeño/mediano emprendimiento te hará sentir más seguro.

La gente quiere tener pareja y no sabe por qué. Todos quieren tener a alguien, NO LO HAGAN. PRIMERO debes sentirte COMPLET@, debes saber quién eres. Todo empieza por ti; cuando lo sabes y te conoces, estás preparad@ para buscar/encontrar a alguien.

No tienes que preocuparte de tu futuro cuando ni siquiera sabes si tienes un buen presente. PRIMERO trabaja por tener un buen presente, para que el futuro próspero se construya como resultado de estar bien en el PRESENTE.

No le pongas VALOR a NADA material y verás como mágicamente le darás VALOR a lo que realmente VALE LA PENA.

Hablando de la gente que critica en Twitter y luego se pregunta: "¿Por qué no me va bien en la vida?" La energía y tiempo que usa en criticar debería usarla en CREAR Y AGRADECER. Es TAN fácil hacerte la vida distinta y FELIZ.

Como escribí a principios del 2020, el verdadero problema del Covid-19 no es el virus, son los incontables casos de problemas psicológicos que dejó y dejará el distanciamiento social... ¡Ése sí es un problema que no se irá con una simple vacuna! Enfrentemos lo que sigue.

Las personas que no tienen una vida plena y feliz: critican a los demás, les gustan los chismes y todo es negativo para ellas. Tres señales de alerta para saber cuándo tienes que alejarte de una persona.

Cuando tomaste decisiones correctas, el sueño por las noches es reparador. Cuando no las has tomado, la noche puede ser tu peor pesadilla.

Todos en este mundo, absolutamente TODOS, queremos lo mismo: ser amados. Celebro con toda mi energía a la gente que todos los días intenta algo para hacer sentir bien a otro ser humano.

"La mejor forma de predecir el futuro es creándolo."

ABRAHAM LINCOLN

ALGUNAS PALABRAS SOBRE MI HERMANA

Por primera vez estoy escribiendo con mi hermana Andy, y me emociona mucho. Cuando hemos hablado sobre el mundo, los seres humanos, la sociedad, hemos coincidido en que a veces puede ser una verdadera jungla. El materialismo y la competencia por ser siempre el número uno a veces puede sacar lo peor de las personas. La realidad es que hay personas más sensibles que otras, y para quienes tienen la fortuna de contar con el don de la sensibilidad y experimentar las emociones al cien por ciento, puede ser un arma de doble filo, pero créeme, siempre será un don y una bendición ser una persona sensible. Creo que eso es lo que verdaderamente nos diferencia de un mueble o un robot, ¡somos personas y afortunadamente tenemos sentimientos!

En casa nos educaron siempre para trabajar en equipo, para ser personas sociables y para ayudarnos unos a otros. Creo que ambos compartimos esa pasión por ayudar a otros a lograr sus mejores versiones; ella, gracias a su profesión como psicóloga y yo, gracias a la bendición de tocar el corazón de las personas a través del arte.

Para mí es muy importante que la conozcan; tanto como si también fuera parte de su familia. La confianza que le tengas a mi hermana, como tu confianza conmigo, es fundamental para que este libro tenga un efecto positivo en ti. Ella es una parte fundamental en la historia de mi vida, no sólo porque la conozco desde que nací, literalmente (soy el menor de mi familia), sino porque además de compartir una vida juntos, ha estado en los momentos más importantes y más desafortunados de mi vida.

Mi hermana ha sido y será uno de los pilares más importantes para mí, y a pesar de que ella ha pasado por momentos muy difíciles en su vida, siempre ha salido adelante. Además de ser mi hermana, es una madre extraordinaria, una maravillosa psicoterapeuta y una mujer muy fuerte. La admiro profundamente. Andy (como le digo) es un claro ejemplo de que el trabajo interno y el desarrollo personal hace grandes cambios en nosotros.

Mi hermana ha pasado por muchísimas etapas en su vida (desde rockera, amante de Guns and Roses, hasta "yogui" vegetariana…) eso la hace una mujer no sólo experimentada, sino SABIA. Nunca se queda en un lugar, y aun estando en ese lugar se cuestiona todo el tiempo qué hace ahí. La cabeza le gira velozmente como un torbellino de ideas y de emociones. Supongo que su decisión de dedicarse a la psicología fue un camino obvio (y necesario) para ella. No tiene límites en sus emociones; mi hermana no es una mujer de medias tintas, mucho menos una mujer que maquille las emociones (por eso es tan sanador hablar con ella).

Tengo que confesarte que una de las facetas que más admiro de ella es la de madre. No conozco una mejor mamá que ella, es muy fácil verlo cuando volteas a ver a Mía (mi sobrina). Invitar a mi hermana a colaborar en este nuevo libro es querer compartirles de corazón una parte muy importante de mi vida. Estoy seguro de que van a encontrar en sus palabras un lugar donde se sentirán tan seguros y felices como en casa.

TWEETS CON MAGIA

Soy muy feliz. Y gran parte de mi dicha es hacer lo que me apasiona con el fin de que ustedes lo disfruten, se olviden de sus problemas, sonrían y se inspiren para cumplir sus propios sueños. Juntos iremos de la mano en este trayecto. Los amo. No lo olviden.

Dicen que "cada uno vive en su propio mundo". Hay quienes deciden jugar en ese mundo de forma colectiva. El gran error es creer que sólo tu mundo es el real. Yo por eso juego multi-nivel, entro y salgo de los "mundillos"; el que pierde es siempre el que no disfruta su juego "VIDA".

¿Te has dado cuenta de que la gente que más critica es a la que más mal le va en la vida? No es casualidad, es CAUSALIDAD.

Vivir la vida a medias, no al máximo, incluso vivir tu día con mal humor, es señal de una persona malagradecida. Cuando abras los ojos y la vida te REGALE un día más, SONRÍE, PÁRATE DE BUENAS y ÉNTRALE CON TODO, sólo así la vida te llenará de bendiciones.

Todo el mundo pregunta si tienes una carrera, si estás casado, si ya compraste una casa. Como si la vida fuera una lista de compras: ¡La gente debería preguntar si eres feliz!

Creo que mi potencial como emprendedor es mucho más grande que como empleado. Les recomiendo desarrollar su talento fuera de una empresa. No dependan sólo de un empleo, tengan dos, tres o más negocios fuera de su zona de confort.

La gran enfermedad del futuro será la TRISTEZA. Por eso, desde ahora hazte fuerte para los siguientes meses. Rodéate de gente positiva, duerme bien, aliméntate bien, haz cosas que te den alegría, crea lazos fuertes con tu familia y alimenta tu espíritu.

Sólo tengo una vida. Nadie me ha asegurado que tendré por lo menos dos. ¿Tú crees que desperdiciaría cada día o cada minuto que tengo? No. VIVO AL MÁXIMO, FELIZ y AGRADECIENDO cada instante... SÍ, porque ¡sólo tengo UNA vida!

Un GRAN APLAUSO para todos los profesores que se adaptaron y ofrecieron su mejor versión cuando dieron sus clases por ZOOM durante la pandemia, que se pusieron el traje y estuvieron a tiempo, entusiastas y presentables, aunque trabajaran desde casa.

Para entender la vida, ¡hay que VIVIRLA! No hay de otra.

Si piensas que te va a pasar, ¡te pasará!

Elimina de tu vida a quien elimina tu sonrisa.

Normaliza dejar el celular cuando estés con otra persona.

Ser una persona positiva te hace la vida más sencilla. Ser positivo o negativo ante las circunstancias es cuestión de decisión.

He observado y comprobado que la envidia es un rasgo típico de la gente mediocre. El éxito en el desarrollo de un ser humano, tanto personal como profesional, está muy lejos de ese "cáncer emocional".

RADIOGRAFÍA DE UN "BROCO"

Es difícil describir con palabras lo que este extraordinario humanito significa para mí sin sentir que tengo un manojo de emociones atorado a la altura de la garganta, y unos ojos nublados que delatan una admiración y un amor ilimitados.

Cuando pienso en compartir mi lectura de él, más allá de conceptos y frases aderezadas, sólo siento una especie de energía que toca mi ser y todo se pone a sentir. Sin ánimos de idealizar su figura como hermano, pero con gran honestidad en mi voz, debo empezar por decir que no existe ser más inspirador para mí, que él. Broco (como lo he llamado siempre) es la sensibilidad envuelta en determinación. Broco es como ese viento decisivo que con un solo contacto nos enfrenta a lo que realmente somos. Su presencia te hace entrar en un cálido e inevitable silencio introspectivo y simbólico, que te dirige en una sola dirección: hacia ti.

Para él todo es motivo de un nuevo comienzo. Cualquier movimiento imprevisto en su vida que lo desacomode lo canaliza creando un nuevo proyecto. Él siempre pertenecerá a lo que lo alegre, lo motive o inspire; sabe perfectamente que limitado es aquel que vive del reconocimiento y aplauso del otro, aquel que no se atreve a salir de su zona de confort y lanzarse a la incertidumbre, como él lo hizo muchísimos años atrás y como lo hace aún todos los días.

Lo conozco mejor que nadie. Sé de su mirada cuando siente miedo, frustración o dolor (como todos), pero intenta ocultarlo, porque él se abre a pocos. Somos pocos los suyos. Lo he visto partir (no pocas veces) dejando atrás el amor en todas sus formas para seguir sus sueños. Lo he visto pararse lleno de luz y con una sonrisa honesta en un escenario o delante de una cámara aunque su corazón se encuentre arrugado. Sé que toma su tiempo para abrirse de nuevo cuando se siente lastimado o decepcionado por alguien. Cuando llega a experimentar enojo (pocas veces lo he visto enojado), prefiere callar que disparar alguna palabra que pueda lastimar; sobre todo, le dan mucha pereza las discusiones inútiles.

Broco es la persona más definida que conozco. Sus trazos y caminos son muy claros. No duda. No titubea en cuanto a su deseo de crear, de compartir. Tiene el corazón vivo, profundo, llenito de amor para los suyos y para todo aquel que ame la vida. No conozco a un enamorado de la vida tan intenso como él, siempre volando con raíces firmes. Él es lo que ven los demás, lo que proyecta. Su forma de dirigirse en su vida no cambia fuera de la pantalla. Le gusta ser impecable con todo lo que hace y dice. Existe un mundo interno infinito en él que los demás desconocen, pues se lo guarda para él y para pocos. Pero ese mundo es igual de congruente que el de afuera. Congruencia, es la gran palabra que define a este ser. Su amor es entregado y discreto.

Ha sido maravilloso crecer con él. Observar cómo ha trascendido sus miedos y limitaciones. El hombre que ven ustedes de sonrisa amplia y humildad integrada es el resultado de un camino largo. De una historia de vida en la que su verdadera lucha ha sido enfrentarse con sus propios miedos y disolverlos uno por uno, para avanzar en el camino con el que nació tatuado en su mapa mental y en su corazón. Como buen alquimista, convierte cada arruga del corazón en aprendizajes infinitos que siguen brillando en su camino.

Broco es mi persona adulta favorita. Es la tierra de esta mentecita inquieta mía que se pierde cada tanto entre nubes. Para aquellos que lo conocen bien, saben lo sanadora que es su presencia. Lo contagiable que es su sonrisa y lo depurador que es compartir risas con él (aunque se le cierre más el ojo izquierdo cuando ríe a carcajada abierta).

Broco es un ser luminoso que no se parece en nada a nadie. Hacer una descripción como la que acabo de intentar se queda pequeña, porque su presencia te sabe más a sentir que a pensar. Mi corazón siente seguridad y pertenencia cuando comparto con él, y la gratitud se presenta en todas sus formas y tamaños recordándome lo afortunada que soy por tener una partecita del corazón de este humanito que revienta en libertad, creación y sentir.

TWEETS CON MAGIA

Ser cortés habla de tu nivel de educación, de tu familia, tus estudios y amistades. A mí me habla de lo exitoso que puedes ser.

Yo estoy completo. No busco otra mitad, busco a alguien que se sienta completa para hacer equipo de dos.

El que ama sabe soltar, el que no, es un egoísta.

La alegría es contagiosa. Júntate con ese tipo de personas locas que creemos que sonreír y divertirse es ¡VIVIR!

Estoy convencido de que la vida es para disfrutarla a carcajadas y ser feliz. A las personas que no suman a mi propósito las alejo de mi vida.

Una gran persona, siempre, SIEMPRE está rodeada de otras grandes personas.

No esperes nada de nadie. Vive lo que la vida y la gente te da en este preciso momento, y acéptalo con gratitud. Nadie tiene la obligación de darte o hacerte sentir de determinada manera. ¡Deja que las personas te den sorpresas todos los días! ¡Deja a un lado las expectativas!

El ego oxida las neuronas de las personas.

Los micrófonos y las cámaras son una ventaja o un arma para los comunicadores. Amplifican y ponen al descubierto sus valores, carisma y su calidad humana.

El miedo es un sentimiento que debe EMPUJARTE, jamás tiene que paralizarte.

Las personas que saben amar, se aman mucho y sufren menos en la vida. Aprende a amarte antes de amar a alguien más.

Estoy acostumbrado a rodearme de gente emprendedora, que HACE lo que dice y sueña. Reconozco fácilmente a la gente que habla, habla y habla, y me doy cuenta de que es la típica persona promedio que jamás HACE nada. Mientras ellos hablan y hablan, yo aprovecho para idear cosas nuevas.

90% de las personas tiene ideas, muchas ideas, algunas grandes ideas. Pero sólo 1% lleva esas ideas a la ACCIÓN. Es un don tener la capacidad de MATERIALIZAR ideas en ACCIONES, hacer de las ideas una realidad.

Si quieres conocer la verdadera esencia de las personas, haz el ego a un lado. Por eso es difícil para quien tiene un gran ego rodearse de buenas personas. El ego no te permite ver con CLARIDAD el alma de la gente. El ego sólo ve lo que TÚ proyectas.

Siempre camino con un propósito, siempre camino hacia una dirección, estoy consciente de que mi tiempo es lo más valioso que tengo, y si la gente que camina a mi lado se molesta porque voy rápido, lo siento, yo me quedo con la gente que camina a mi ritmo.

¿QUIÉN SOY?

¿Quién soy? Es una pregunta que me ha acompañado toda mi vida. Soy infinidad de mujeres guardadas en este cuerpecito. Tengo muchos y diferentes papeles que amo. Soy una mujer inquieta, curiosa, profunda, sensible, firme, generosa, empática, terca, a veces orgullosa, volada, con una falta de estructura que todos los días intento trabajar. Soy entregada, apasionada, independiente, selectiva, solitaria, reflexiva, analítica, llorona, espontánea y libre.

El mejor papel que desempeño, y donde me siento más cómoda, es el de mamá de una maguita de ojos de cielo que llegó a revolucionar mi vida, enseñándome a construir raíces más fuertes para vuelos más altos.

Amo profundamente mi papel como psicoterapeuta porque me acerca al misterio infinito de la humanidad y me regala todos los días el privilegio de acompañar a otros seres como yo en busca de reencuentros constantes con nosotros.

Es interesante cómo noté la magia de la sincronicidad desde que mi hermano me invitó a participar en este proyecto tan bonito. La sincronicidad es un término bellísimo elegido por Carl Gustav Jung para explicar una "coincidencia" temporal de dos o más sucesos relacionados de una manera no casual, como la unión de los acontecimientos interiores y exteriores de un modo que no se puede explicar, pero con sentido para la persona que lo vive. Este término me atrapó desde hace muchos años, cuando comencé a estudiar a Jung. Desde entonces relaciono los eventos que son conectados de manera causal y me dejo guiar por la magia de sus posibles mensajes.

Hoy comienzo este proyecto con mi hermano dejándome guiar por la magia de hilos que se unen y me muestran un camino que decido tomar. Hoy, unos minutos antes de empezar a escribir las letras de este hermoso proyecto al que me invitó mi hermano, encontré al final de un libro hojas viejas y añejas con textos y poemas escritos por mí cuando tenía 15 y 16 años.

Al empezar a leerlas, después de tantos años, me impresionó profundamente darme cuenta del largo peregrinaje que he recorrido en busca de respuestas a mis interminables dudas desde pequeña. Mis letras de aquella época denotan tristeza, enojo, lucha y una determinante búsqueda de la verdad.

Recordé que no comprendía por qué la humanidad actuaba de tal forma. No comprendía desde dónde se relacionaban las personas. No sabía qué hacer ni dónde poner el enorme manojo de sentimientos que experimentaba en una montaña rusa emocional que me confundía aún más.

Al leer con detenimiento cada texto y poema logré ver a Andrea dentro de un importante proceso de cambio y transición (pubertad), y sentí una gran compasión hacia mí. Mi camino no hubiera sido el mismo sin aquellas crisis tan profundas de identidad, sin aquellas búsquedas incansables y sin mis eternas dudas (aún me acompañan muchas de ellas y sigo sin entender cómo aprenden los que no dudan). Los chicos y chicas que hoy tengo el honor de acompañar en sus procesos emocionales me recuerdan tanto a mí; ha sido largo el recorrido. Han sido aterrizajes forzados y pérdidas, pero el resultado siempre fue la certeza absoluta de que he resurgido de mis fondos con mayor fuerza y con aprendizajes significativos inolvidables.

Fui educada en una escuela religiosa (católica) hasta los 15 años. Agradecí mi paso por ahí y lo que sembró en mí, no dejo de agradecer también el abismo interminable de dudas que surgieron a partir de mi experiencia con la escuela. En un sistema tan restrictivo, mi curiosidad crecía siempre. Al graduarme de secundaria y dejar atrás mi camino de la escuela religiosa, comenzó mi gran iniciación en este peregrinaje que aún no termina y que, hoy lo acepto gustosa, no terminará.

Mi búsqueda comenzó investigando todas las religiones posibles y formando parte de ellas. Busqué a los cristianos y me integré a su iglesia y comunidad por un mes; sin embargo, al sentir que no lograba encajar ni pertenecer, busqué otra corriente religiosa.

Así transcurrió un año de búsqueda espiritual (lo que yo consideraba espiritualidad). Cristianos, testigos de Jehová, protestantes, hinduismo, budismo, etcétera; a la par aprendí diferentes herramientas y prácticas como el yoga, la lectura del tarot, de ángeles, terapias de regresión, sanación con piedras, sanación de energía…

También me "equilibraron los chakras", probé reflexología, acupuntura, iridología. Medité con una orden de la nueva era, canté mantras, tomé té verde, investigué sobre PNL, trabajé con visualizaciones, eneagrama, me volví vegetariana y me duchaba con agua fría todos los días. Aprendí a tirar el I Ching, asistí a retiros en un *ashram* mientras me especializaba en remedios florales, etcétera. Me buscaba en todo y en todas partes.

Desesperadamente necesitaba que algún camino me mostrara el regreso a casa, mi esencia y encontrar LA VERDAD (sí, pensaba que sólo existía una). Sin embargo, me enriquecía de cada verdad, todas tenían algo que enseñarme, algo que mostrarme de mí... pero seguía sin encontrar un sentido de pertenencia y sin encontrarme. Estudié psicología también para encontrar un poco de verdad y respuestas.

La psicología me regaló dirección, pero la verdad sólo me la dio la experiencia, pues es la única responsable de develar lo cierto, y para esto, necesitaba volar. Fue entonces cuando la comodidad comenzó a apretar, y la necesidad de saltar a lo desconocido me empujó a tomar una decisión: saltar al abismo de lo incierto.

Decidí dejar todo lo que me era conocido y seguro, dejé a mi familia, a mis amigos y amigas, mi trabajo, la comodidad de mi casa y emprendí un viaje al otro lado del mundo, a España, con la incertidumbre debajo de un brazo y el miedo del otro.

Sentía un impulso insostenible de desprenderme de lo cómodo, de lo conocido. Entendía que habría que salir de mi zona de confort para saltar a la incertidumbre y absorber todo el aprendizaje que estos saltos a ciegas regalan.

En la diferencia está el aprendizaje, en lo nuevo, en lo desconocido. Necesitamos salir del espacio seguro y conocido para desarrollar nuevas y mejores herramientas para nuestras experiencias de vida. Lo que no se mueve, muere. El movimiento es vida, y parte de esta expansión invita a la humanidad (y a veces la obliga) a crecer desde escenarios diferentes.

Comencé una nueva vida dejando todo atrás. Los primeros meses fueron difíciles y complejos. No conocía a nadie e intentaba racionalizar mi miedo. No me permitía sentir tristeza y miedo ante lo desconocido y lo que había dejado atrás. Me escondía detrás de una defensa sólida e impenetrable de exigencia. En aquel entonces era muy dura conmigo. Me exigía todo el tiempo madurez y templanza para afrontar las experiencias nuevas. Aún no sabía la importancia de la autocompasión. Aún no hacía consciente lo empática y sensible que era con los otros, pero no conmigo. Como primer paso hacia la aceptación de mi nueva situación, tenía que empezar por aceptar mi vulnerabilidad y el proceso de adaptación por medio de la autocompasión. Qué importante es mirarnos con compasión y ternura sin confundirlo con victimismo.

El victimismo intenta evadir la responsabilidad del sufrimiento colocando culpas en los demás como medio de justificación, por eso el victimismo estanca; la autocompasión es un reconocimiento del dolor propio en el que nos hacemos cargo de él con respeto y comprensión, aceptando que los únicos responsables de nuestra vida somos nosotros. La autocompasión es una habilidad que cualquiera puede aprender a desarrollar. La autocompasión es ser sensibles y empáticos con lo propio. Reconocer nuestro propio dolor y solidarizarnos con él.

No se trata de "lamernos las heridas", ni entretenernos con ellas, sino de aceptar nuestro dolor emocional, experimentarlo, darnos el espacio de sentirlo y regalarnos el tiempo necesario para comprenderlo. Todos los días me sentaba bajo un árbol del Parque del Retiro para dejarme sentir, dejarme extrañar. No existe otra forma de trascender nuestras experiencias emocionales dolorosas más que atravesándolas, mirándolas de frente. Es imposible trascender lo que no se ve. La autocompasión es una forma de expresar amor propio. Respeto e intención consciente y activa para atender nuestro estado emocional.

A partir de este entendimiento me responsabilicé de las consecuencias de mis decisiones para afrontar mi nuevo camino de la mejor forma posible. Después de todo sólo tenía dos opciones: lo vivía desde la resistencia y extrañamiento de lo que había dejado, o aceptaba mi presente abriendo el corazón a la infinidad de oportunidades y experiencias nuevas que mi alma necesitaba atravesar. Sin pensarlo, elegí la opción dos y la sigo eligiendo todos los días de mi vida.

Sin duda, la mejor decisión de mi vida ha sido ésta. Seguir caminando hacia adelante acompañada de mis miedos y enfrentar la incertidumbre que causa ceder el control. Cuando nos entregamos a una nueva experiencia, cedemos nuestro control y es ahí, en ese momento, cuando debemos improvisar herramientas nuevas para afrontar lo desconocido. Herramientas que se convierten en fortalezas internas y que nos acompañarán en los siguientes procesos de nuestra vida.

Los años pasaron. Seguí brincando de un país a otro: Argentina, Costa Rica, México, regresé a España, regresé a México… con una necesidad casi impulsiva de experiencias nuevas, llena de curiosidad por absorber todo lo que el mundo ofrecía. Mientras más experimentaba, más me daba cuenta de que sabía menos y que aún me quedaba mucho por recorrer. La humildad es una clave importante como receptor. La humildad es un marcador de grandeza. Sin humildad no hay mirada de principiante, y la mirada de principiante es indispensable para alimentar nuestra capacidad de sorprendernos. La sorpresa despierta nuestra inspiración, la motivación nos moviliza, nos sacude, nos recuerda que estamos vivos. Por eso es tan importante buscar y exponernos a situaciones nuevas, diferentes de las que estamos acostumbrados. Salir del molde de la cotidianidad y vivir experiencias que representen retos diferentes.

Los procesos de adaptación no fueron fáciles, aún con mi inquieta personalidad y mi favoritismo por comenzar una y otra vez desde tierras nuevas, era complejo dejar lo que había construido poco a poco y empezar de nuevo otro proceso de adaptación hacia lo nuevo. Estas oscilaciones de los diferentes ciclos que vienen en el paquete del cambio me llevaban muchas veces a tocar fondos dolorosos que me confrontaban conmigo. Fondos o crisis existenciales necesarias que nos llevan a cuestionarnos cada espacio de nuestra vida para, a partir de ahí, resignificar nuestra forma de vivir, de relacionarnos con el afuera y con nosotros.

Pero, ¿por qué nos cuesta tanto mirarnos? La salida y la respuesta siempre está adentro. Vivimos sumergidos en un mundo lleno de demandas y bombardeos constantes que atraen nuestra atención en todo lo que se presta para llenar nuestros vacíos, aquellos que no nos atrevemos a mirar por miedo a hundirnos en ellos. Mirarse no es cosa fácil. Mirarse requiere de valentía y voluntad. Es desprenderse de viejas programaciones mientras despertamos y renacemos en nuevas formas de vivir, de sentir, de contemplar. Es empezar a construir un puente entre lo que está muriendo y una realidad más profunda.

Mirar hacia adentro es redireccionar la mirada y encontrar en nosotros las respuestas. Cuando colocamos la mirada en el afuera, es fácil para nosotros utilizar la proyección como un sofisticado mecanismo de defensa que nos permite atribuir a otros sentimientos, pensamientos o impulsos propios que negamos o nos resultan inaceptables.

Pero, insisto, ¿por qué nos cuesta tanto mirarnos? Pues porque implica tomar la responsabilidad de nosotros. Observar y aceptar nuestros espacios incómodos. Nuestros fantasmas (experiencias pasadas no resueltas) y nuestras sombras. Duele mirar nuestras heridas. Pero lo cierto es que no existe otra forma de trascenderlas que enfrentándolas, aceptándolas y abrazándolas. Es imposible trabajar lo que no se ve. Iluminar nuestras habitaciones oscuras nos da la oportunidad de bucear en nuestra profundidad para sanar y trascender nuestras heridas.

El principal padecimiento alude al olvido de nuestra identidad esencial. Olvidamos quiénes somos. Olvidamos nuestra esencia y nos enredamos en un gran extravío de donde ya no sabemos cómo salir. Y en ocasiones, ni siquiera tenemos consciencia de que estamos extraviados.

Son los fondos los que nos sacuden de tal forma que se vuelve insostenible permanecer en el camino que estamos recorriendo. Son los fondos los que nos llevan a replantearnos nuestra vida. Los que nos llevan a cuestionarnos nuestros pasos, nuestra forma de relacionarnos.

Esta búsqueda que comenzó hace tantos años aún no termina. Hoy entiendo que el camino es la meta. Que no hay que llegar a cierto sitio o alcanzar cierto estado. Todo sucede ahora. Aprender a disfrutar el camino sólo se logra siendo conscientes del momento presente. Es lo único que tenemos. Abrirnos a la experiencia con la mirada fija en los infinitos aprendizajes que nos deja lo incierto y confiar en las posibilidades ilimitadas de nuestro ser.

Nunca sé cuánto tiempo seré la mujer que soy hoy; pero en el borde de cualquier experiencia, por más incierta que parezca, vivo un constante renacer.

Soy una enamorada de la humanidad. No sólo siento una curiosidad amorosa y tierna por ella, siento un enorme placer al atravesar los maquillajes superficiales de nuestra imagen personal y lograr penetrar en lo más hondo de mi ser y de los seres que me permiten acompañarlos.

Te invito, como psicoterapeuta, como Andrea y como buscadora incansable de la verdad, a disfrutar del camino, nos llenaremos los bolsillos de nuevos mundos, y para acceder a ellos, sólo tendremos que redirigir nuestra visión y recordar que esa mirada de principiante es el comienzo de todo.

La vida es como una gran temporada de la mejor serie, por eso: ¡aprendan a cerrar episodios por su bien! No pretendan que el actor que murió en la primera temporada salga en la segunda... sin duda, les dolerá no verlo.

No te preocupes por las críticas. Casi siempre vienen de personas carentes de seguridad, personalidad y sueños. Este tipo de personas siempre critica a quienes inconscientemente les gustaría ser y por frustraciones personales sólo lo pueden alcanzar criticando.

Me encanta saludar con mucha alegría y efusividad a la gente que le caigo mal o habla mal de mí. Me divierte ver sus reacciones y dejar claro quién gana, si quien en su ser tiene rencor y frustración o quien es inmune a esos sentimientos. Hagan la prueba.

Quien no sabe, jamás es exigente. Y quien no es exigente JAMÁS te llevará al éxito. Por eso rodéate de personas EXIGENTES. Éstas se juntan entre sí, son como un clan que jamás permite la entrada de personas mediocres a su grupo.

Eres PLENAMENTE feliz cuando no pides nada más. Conclusión: no seas de esas personas "pedinches" con la vida.

En la vida real el artista que triunfa no siempre es el más talentoso, sino el más inteligente en los negocios.

FÓRMULA: El EGO es exactamente proporcional a la INSEGURIDAD de una persona.

Muchas personas se esfuerzan demasiado por alcanzar el RECONOCIMIENTO PÚBLICO. Es un error muy grande: el TRABAJO con PASIÓN y PERSEVERANCIA debe ser la meta. Con los AÑOS de trabajo llegará el RECONOCIMIENTO PÚBLICO y verán que ésta no será la mejor parte de la historia.

La amargura causa envejecimiento prematuro.

En el momento en que una persona empieza a hablar mal de otra persona en su conversación me doy cuenta de que no tiene NADA propio que contar, típico de una persona con mucho espacio libre en su cabeza. Eso no va conmigo.

Un hombre con CLASE no lo es sólo por su posición económica ni por sus oportunidades de estudio. La CLASE es una mezcla de inteligencia, sabiduría y empatía.

La mejor forma de hacerse de un nombre en la industria del entretenimiento no es treparse de personajes famosos, ir a cualquier evento ni mucho menos forzar relaciones con personas del medio. El TRABAJO y PROFESIONALISMO es el único camino.

Un buen primer paso para saber cómo es una persona se descubre tocando su ego: escucha lo que dice y lo que no dice, analiza y sabrás si conviene conocerla o darte la vuelta.

He notado que generalmente le caigo muy mal a personas que son superficiales o cerradas en cuanto a sus ideas, o bien, que le dan mucho valor a lo material. Y eso me encanta, porque es justo la gente que quiero muy lejos de mi entorno.

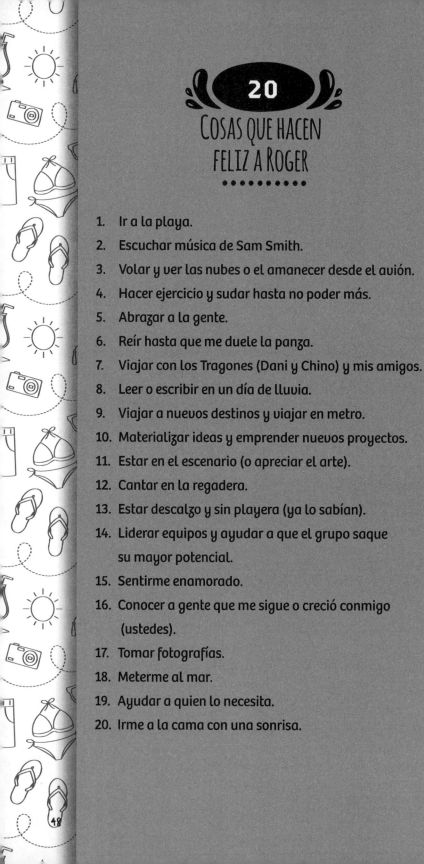

20
Cosas que hacen feliz a Roger

1. Ir a la playa.
2. Escuchar música de Sam Smith.
3. Volar y ver las nubes o el amanecer desde el avión.
4. Hacer ejercicio y sudar hasta no poder más.
5. Abrazar a la gente.
6. Reír hasta que me duele la panza.
7. Viajar con los Tragones (Dani y Chino) y mis amigos.
8. Leer o escribir en un día de lluvia.
9. Viajar a nuevos destinos y viajar en metro.
10. Materializar ideas y emprender nuevos proyectos.
11. Estar en el escenario (o apreciar el arte).
12. Cantar en la regadera.
13. Estar descalzo y sin playera (ya lo sabían).
14. Liderar equipos y ayudar a que el grupo saque su mayor potencial.
15. Sentirme enamorado.
16. Conocer a gente que me sigue o creció conmigo (ustedes).
17. Tomar fotografías.
18. Meterme al mar.
19. Ayudar a quien lo necesita.
20. Irme a la cama con una sonrisa.

20
Cosas que hacen feliz a Andy

● ● ● ● ● ● ● ● ● ●

1. Mi hija y mi familia.
2. Reír con mis amigos y amigas.
3. Acompañar a otros en su camino de autodescubrimiento.
4. Amar.
5. El arte (en cualquiera de sus formas).
6. La música.
7. Bailar.
8. Cantar.
9. La montaña, la lluvia, el atardecer, el mar, la luna.
10. Los comienzos.
11. Viajar.
12. Meditar.
13. Leer y escribir (poesía en especial).
14. Despertar y ver la sonrisa de mi hija.
15. Hacerme un pretzel con mi pareja mientras me desenreda las dudas.
16. Tener la oportunidad de ayudar a alguien (en cualquier sentido).
17. Compartir.
18. Charlar con personas desconocidas.
19. Ver feliz a mi gente.
20. Descubrir y conmoverme al presenciar el talento

ECUALIZA TU VIDA

Antes de empezar, déjame decirte algo: ¡Felicidades! ¡Sí, felicidades!, porque si tienes este libro en tus manos es porque tienes curiosidad y confianza en que estas páginas pueden generar un impacto positivo en ti. Déjanos confirmártelo, sólo entrégate y confía en nosotros, porque cada una de estas páginas y cada capítulo están hechos con todo nuestro corazón, y cuando dos personas (y ustedes) se conectan para compartir algo con amor, siempre habrá un cambio positivo en todos.

Seguramente has escuchado hablar del término "desarrollo humano"; bueno, yo he crecido con él durante muchos años, y no porque sea estudioso del tema, sino porque nuestra madre, "Lupita" (también considérala parte de tu familia), ha estudiado muchos años de su vida y a profundidad este tema. Seminarios, conferencias, libros y más libros, ella sí que es alguien que ha estudiado el "desarrollo humano", y por ello, he tenido tan presente este término en mi vida, pero no sabía exactamente a qué se refería.

Al pasar los años empecé a necesitar un cambio en mí, me sentía como esas ocasiones en que estás incómodo en un lugar y te quieres mover de ahí; precisamente en ese momento de mi vida empecé a relacionarme con personas que sabían del tema y comencé a investigar y a leer sobre el famoso "desarrollo humano" que tanto había estudiado mi madre. Ella es la mujer más buena, altruista y repleta de valores que conozco en mi vida. Andy y yo aprendimos de la mejor, y sólo deseamos ser un pequeño reflejo de lo maravillo que es su corazón.

En pocas palabras, "desarrollo humano" es el proceso en el cual el individuo se centra en descubrir determinados aspectos que al llevarlos a la práctica le permiten mejorar su salud, virtudes, talentos y capacidades. El objetivo es vivir de forma equilibrada, que haya consonancia entre cuerpo y mente.

En estas páginas vamos a ecualizar las tres áreas principales de nuestra existencia para sentirnos realmente felices, plenos y merecedores de grandes cosas en la vida:

1. MENTE
2. CUERPO
3. ESPÍRITU

Los tres están conectados fuertemente entre sí.

Y a propósito les digo "ecualizar", pues seguramente en diferentes momentos de tu vida has tratado de mejorar en estos tres aspectos, pero a veces no sabes cómo hacerlo correctamente.

A mí que me fascina la música, creo que "ecualizar" es una palabra que describe el propósito perfecto de este libro: "Consiste en ajustar determinados valores y frecuencias con el fin de igualarlos a su emisión originaria." Es decir, creo realmente que tú, al igual que yo, somos seres completamente perfectos de origen. Dios, la naturaleza, el poder superior o en lo que tú creas, nos ha hecho seres perfectos, hombres y mujeres destinados a la felicidad y listos para recibir las bendiciones más grandes de la vida. Sin embargo, con el paso del tiempo la información va cambiando; los años, las experiencias dolorosas, las desilusiones, los problemas, las malas amistades, la toma incorrecta de decisiones lo modifican todo.

Así, poco a poco nos desajustamos, y aunque dentro de nosotros sabemos que merecemos lo mejor, en ocasiones sentimos que no logramos conseguirlo. A eso me refiero con "ecualizar", vamos a *resetearnos*, hacer un ¡borrón y cuenta nueva!

Ése es el propósito del libro, volver a ajustar esos parámetros (o pilares) para sentirnos tan bien como cuando éramos niños y aún no estábamos tan contaminados como ahora.

El concepto de "desarrollo humano" se puede entender como un proceso de transformación en el que tanto tú como yo decidimos cambiar aspectos de nuestra vida que nos hagan sentirnos más realizados y plenos… Así que no lo dudes, estás en muy buenas manos.

Después de publicar mi primer libro y hablar con cientos de jóvenes por todo México y algunos países de Latinoamérica, me quedaba varias horas después de la presentación charlando con los que me hacían el honor de asistir; la mayoría de ellos me decía que había algunos aspectos de su vida que querían cambiar, el problema es que muchas veces no pasaban a la acción para lograr esos cambios. Había en ellos muchas creencias limitantes que hacían que no mejoraran su vida.

TWEETS CON MAGIA

El problema de la gente que se guarda sentimientos es que tarde o temprano explota... y puede ser que esto la afecte emocionalmente. No guardes emociones. Nunca.

Si hasta un perro te mueve la cola cuando lo saludas, imagínate qué pienso de las personas a las que les dices "hola" y no te regresan el saludo.

Nadie me puede quitar esta felicidad, estoy solo en mi departamento después de haberme rodeado de más de 60 personas locas que me siguen en mis locuras... qué sensación tan increíble la que siento. GRACIAS, vida, por tanta alegría.

Es fácil darme cuenta cuando alguien es profesional y tiene años de trabajo y experiencia en su carrera. Generalmente quienes van empezando todo se lo toman personal. Las personas profesionales saben perfectamente separar el trabajo de la vida personal. Cuando alguien de tu trabajo te afecta personalmente, tranquil@, vas empezando... con el tiempo te harás expert@ en separar esos dos universos.

Sólo soñar no sirve de nada, se sueña y al día siguiente empiezas a HACER algo para alcanzar tus sueños.

El mejor superpoder que puede tener un ser humano es... la intuición.

En la soledad, cuando dejo de hablar y escucho el silencio, siento que subo un escalón en madurar.

No tienes derecho a quejarte de tu vida cuando pasas más tiempo pendiente de lo que hacen otras personas que ocupado en lo que deseas.

Criticar por criticar no es un rasgo de personas inteligentes. De hecho, quien critica mucho por lo general es la gente que no tiene la capacidad ni la inteligencia de tomar decisiones sola para arreglar situaciones. Cree que "criticar" cambia las cosas. Pero lo que cambia es la ACCIÓN.

Talento solo ¡dura poco!... Pero talento y negocio, ¡agárrate, pues tendrás una gran vida!

A veces lo que más te apasiona, cuesta. Cuesta horas de sueño, viajes que no puedes hacer, amistades que no te siguen el ritmo, problemas extras que no tenías, serenidad en tus días… ¡Pero qué bien se siente trabajar para cumplir un sueño más en tu vida!

A veces el miedo me visita, como esta noche. Y aunque le tengo respeto, lo mando a volar dándole una patada en el… sí, ¡ya sabes dónde!

La felicidad consiste en no depender de nada, ni de nadie. Ni el trabajo, ni tu pareja, ni tus amigos, ni tu familia ni el dinero son tan importantes como TÚ. Mientras te tengas a ti y sepas quién eres y qué te hace feliz, no necesitarás más.

En momentos como hoy agradezco haber trabajado en #Disney porque ahí aprendí que se trabajaba con los estándares de calidad más altos del mundo: PROFESIONALISMO, PUNTUALIDAD Y PASIÓN POR LOS DETALLES lo tengo tatuado de por vida en mi forma de trabajar.

LAS CREENCIAS LIMITANTES DESDE LA PSICOLOGÍA

Las creencias limitantes son aquellas lecturas o percepciones que tenemos de nuestra realidad y que nos impiden crecer y alcanzar nuestros objetivos.

Estas creencias nos mantienen siempre en nuestra zona de confort, en terrenos conocidos de los cuales no salimos porque nos da miedo exponernos a la incertidumbre.

Nos impiden tomar riesgos y saltar ante lo desconocido, perdiéndonos por ello un sinfín de experiencias nuevas y transformadoras. Se construyen desde el inconsciente a través de nuestras historias de vida, de lo que vimos, de la aparición del dolor, lo que aprendimos, lo que nos dijeron, cómo nos educaron, etcétera, por esto es tan complejo eliminarlas.

Primeras creencias, las que experimentamos en la infancia temprana.

Cuando somos pequeños nuestra psique aún se está desarrollando, por lo que somos altamente influenciables por quienes nos rodean. Si crecimos en un entorno positivo, estimulante y con un gran apoyo a nuestro potencial, no nos limitarán demasiado o será menos complejo erradicar las primeras creencias. Son subjetivas, no reales. Todas se manifiestan en nuestras acciones, decisiones y elecciones diarias.

Todas las creencias limitantes son negativas porque frenan el impulso de volar hacia experiencias nuevas.

Yo crecí dentro de una familia amorosa y flexible, pero en una ciudad con creencias muy firmes y a veces rígidas. Creencias que se habían construido a partir de una búsqueda de seguridad, pero muy limitantes. Crecí con la consigna, como mujer, de que tenía que casarme, tener una familia y vivir en la ciudad donde había nacido (¿les suena familiar?).

Esta programación, actualmente veo con mucha dicha cómo está saliendo de nuestro sistema de creencias, a mí me incomodaba desde muy pequeña. No es que esta elección de vida sea errónea o mala, sólo que tenerla como única opción de vida es el verdadero daño. Mi impulso de crecer me pedía simplemente explorar, vivir entregada a la emoción del día y dedicarme con toda mi alma a acompañar a los demás en sus procesos emocionales y espirituales.

Cuando uno sale de su zona segura, se da cuenta de la infinidad de realidades que existen. Ninguna es mejor que otra, sólo son diferentes. El abanico de opciones se amplía de tal forma que las creencias limitantes empiezan a palidecer, a perder fuerza y entonces vemos ante nosotros diferentes caminos para recorrer. Los límites creados por el pensamiento se rompen con la valentía y la pasión que nos moviliza para elegir otro camino. Necesitamos aferrarnos con determinación a aquello que nos hace vibrar y nos enchina la piel para tener la fuerza de romper con estas programaciones que nos instalaron, creencias falsas de que no podemos elegir otras formas de vida.

Existen diferentes espacios donde las creencias limitantes se filtran y cimientan en nuestro ser:

- Las creencias relacionadas con la imposibilidad de alcanzar o realizar algo.
- Las creencias relacionadas con nuestra capacidad para conseguir algo.
- Las creencias que tienen que ver con el no sentirse merecedores de conseguir algo.

Se necesita voluntad y decisión para empezar a desprogramarnos, no es sencillo. Las creencias crean raíces sobre todo cuando vienen implantadas de mucho tiempo atrás. Demandan mucho trabajo interno. Te comparto esta frase que concentra un gran poder:

> No podemos cambiar nuestra historia, pero sí resignificarla.

Jean Paul Sartre dijo: somos lo que hacemos con lo que hicieron de nosotros.

No importa cómo se originaron esas creencias limitantes, siempre pueden romperse con la identificación de las causas y ajustes nuevos en la forma en que miramos al mundo y a nosotros.

La única forma de salir de esas creencias limitantes es sustituirlas por otra creencia que te aliente. Una creencia que te potencie hacia una dirección que implique crecimiento y expansión. Para eso tenemos que definir primero cuáles son las creencias limitantes más comunes. Te comparto algunas:

- Todo me sale mal.
- No soy bueno para nada.

- No soy lo suficiente.
- Todos consiguen lo que quieren menos yo.
- Siempre que lo intento, no funciona.
- No soy buen estudiante.
- Siempre tendré problemas de dinero.
- No soy lo suficientemente inteligente.
- No merezco que me amen.
- No merezco tener éxito.
- Nadie respeta mis decisiones.
- No puedo hablar en público.
- Siempre soy muy inseguro o insegura.
- No confío en nadie.

Esta lista puede ser interminable, pero si observamos bien, tiene la misma base, fundamentada en las siguientes 8 creencias limitantes que se construyen a partir del:

- No puedo…
- No merezco…
- No valgo para…
- No tengo derecho a…
- Es imposible conseguir…
- Soy incapaz de…
- Es difícil hacer…
- No es correcto hacer…

La estructura y la base de estas creencias limitantes son un bloqueo que impide potenciarnos y alcanzar nuestros niveles máximos de realización y expansión.

TWEETS CON MAGIA

Nada es para siempre. De hecho, la naturaleza de la vida es el CAMBIO. Si crees que el "para siempre" es una meta, puedes forzar las cosas. Y a fuerzas nada es bueno.

En el deseo de no aparentar y no ser ostentoso está la "clase". *Tener clase*, no es "tener dinero". La etiqueta Dama o Caballero se gana con actitudes, no con pesos en el banco.

"Adular es decirle a otra persona lo que se piensa de uno mismo." ¡Nunca caigas en eso! Una cosa es adulación y otra apreciación. Una sale del corazón, la otra de la boca. Me molesta mucho la gente que tiene adulación barata en sus palabras.

Todo pasa. Lo bueno y lo malo. Por eso cuando tengas momentos malos o buenos recuerda: TODO PASA. Aprende a vivir los buenos y los malos momentos con la misma intensidad. No los apures, no intentes quitarlos, VÍVELOS.

Si quieres vivir una vida común y ordinaria… toma decisiones ordinarias, haz lo que todos hacen y esperan que hagas.

Mi tiempo es lo más valioso que tengo y lo cuido como lo más importante.

¿Ya está a la venta el gel antibacterial de las EMOCIONES? El que te protege de cualquier enfermedad y te ayuda a mantenerte fuerte y positivo ante cualquier contingencia.

Es más, mucho más tonto el que cree que sabe todo, que la persona que no sabe.

Si algo aprendí de mi profesión, es que para mi vida personal debo ADMINISTRAR MI ENERGÍA. Todos tenemos un porcentaje de energía para cada día. ¿En qué vas a dosificar esa energía? ¿En crear? ¿En hablar de los demás? ¿En compartir con gente que amas? ¿En discutir?

Es más contagioso el pesimismo de una persona que cualquier virus. Por eso me cuido de toparme con las personas que tengan "ese mal".

La distancia social por Covid-19 será el combate más grande que enfrentaremos en el futuro. Volver a tener calidez humana, abrazarnos y besarnos costará mucho. Extraño eso. Hoy, por razones obvias, la gente se comporta muy fría, con miedo.

La gente que critica, toda su vida va a criticar... ¿Por qué? Porque sabe que siempre será relegada. Por eso paren orejas y analicen quiénes los rodean, NUNCA permitan cerca en su vida a alguien que le gusta criticar o hablar de los demás.

Una persona gris, amargada, no aprendió a tomar DESICIONES CORRECTAS en su vida. Te va bien en la vida si TOMAS DECISIONES CORRECTAS, una tras otra.

Quien se adapta a los cambios, SOBREVIVE A TODO.

Ser FELIZ es tomar decisiones CORRECTAS en la vida.

¿CUÁL ERA UNA DE MIS CREENCIAS LIMITANTES?

Recuerdo que de niño tardé mucho en desarrollarme. Siempre fui el más chico de mi generación, era muy delgadito y todos mis amigos siempre eran los que parecían más grandes.

Cuando iba en la secundaria, una de las cosas que más me molestaba era mi voz. A esa edad mis amigos hablaban como adultos, con voz gruesa y era una buena arma para conquistar. Recuerdo que mi voz no era la más varonil y parecía que hablaba un niño a lado de ellos. Mi voz por muchos años fue un tema. Llegué a pensar que mi voz no era linda y mucho menos representaba lo que yo era, así que trataba de hablar lo menos que se pudiera.

Años más tarde empecé a dedicarme a la industria del entretenimiento y entré a trabajar en la televisión desde muy pequeño; con el tiempo me di cuenta de que mi voz era un distintivo muy particular. Con los años empecé a adquirir seguridad y confianza en mí. Hoy miro hacia atrás a ese niño que fui, al que pensaba que su voz era "una porquería" y me gustaría decirle que gracias a su voz podría cantar, darles vida a personajes tan distintos en el teatro y en el cine, y hasta trabajar sólo gracias a su voz en radio o películas en el doblaje de estudios internacionales. ¡Esa creencia limitante se transformó!

● Ejercicio

Te invito a que a partir de estas 8 bases de creencias limitantes completes la frase (conectando contigo) e identifiques exactamente cuáles son tus creencias limitantes que debes desbloquear para saber hacia dónde dirigir tu trabajo interno. Es importante prestar mucha atención también a las frases con adjetivos con los cuales nos etiquetamos todos los días y que alimentan directamente estas creencias limitantes.

No puedo   _____

No merezco   _____

No valgo para   _____

No tengo derecho a   _____

Es imposible conseguir   _____

Soy incapaz de   _____

Es difícil hacer   _____

No es correcto hacer   _____

Todos tenemos creencias con las cuales vamos a trabajar a lo largo de nuestra vida, pero cuando la calidad de esas creencias está marcada por traumas, heridas emocionales y duelos no resueltos, nos anclan a la verdad que estas heridas dictan y nos obligan a vivir bajo sus términos, restándonos poder y capacidad para dirigir nuestra vida hacia donde nos conviene.

Existen muchos métodos y herramientas para transformar las creencias limitantes. Técnicas que nos reprograman y desanclan nuestras creencias. Recuerda que primero tenemos que identificarlas. No sirve de nada reprogramar una creencia si no hemos encontrado la raíz. Para concluir este tema, te invito de nuevo a que hagas un segundo ejercicio para dar el paso a concientizar estas creencias y empezar a reprogramarlas:

1. Vuelve a tu lista de creencias limitantes que desglosaste en el primer ejercicio.
2. Enfrente de cada creencia limitante que escribiste, cuestiónate ¿a qué se debe esa creencia?, ¿a qué comportamiento negativo te está llevando?, ¿en qué área de tu vida te está afectando directamente?
3. Hazte consciente de que son creencias y no realidades. Desmenuza cada creencia y cuestiónala, ¿cuáles son las pruebas de que es real?
4. Para cada creencia limitante, construye una nueva creencia. Enfrente de cada creencia de la primera lista, escribe su opuesto transformándola en una creencia positiva.
5. Actúa como si creyeras ya en esas creencias positivas. Cuando actuamos en formas diferentes a como actuamos antes, observamos resultados nuevos que nos ayudarán a la construcción de las nuevas creencias que deseamos

Existe otro ejercicio que me encargaron cuando estudiaba la maestría en España y ahora te lo comparto:

Tenía que escribir 7 afirmaciones (positivas) sobre mí, relacionadas con lo que yo deseaba ser o alcanzar y que me sentía limitada por creencias no constructivas. Por ejemplo: *Andrea es una mujer valiente e independiente.*

La frase no debía tener connotaciones negativas, sólo afirmaciones. Todas las mañanas al despertar tenía que escribirlas en una libreta y pronunciarlas en voz alta frente a un espejo. Y hacer el mismo ritual por las noches durante 40 días. Es increíble cómo podemos reprogramar nuestro cerebro con información nueva y constante.

Mi invitación al desarrollo humano

A veces, todo queda en un proceso de intenciones. Pero si pones en práctica todo lo necesario para generar cambios, como los ejercicios que te dio mi hermana, créeme, vas a obtener resultados positivos.

Dar el primer paso siempre es el más difícil.

Poco a poco fui entendiendo más y más el concepto de "desarrollo humano", éste consiste en llevar a cabo una superación personal, implementar acciones para cambiar comportamientos, actitudes o pensamientos.

El objetivo es siempre que la persona consiga una mejor calidad de vida y un bienestar mucho mayor. Vivir los resultados de esos cambios que haces en tu vida y que muchas veces cuestan tanto, no tiene precio.

Es momento de hacer una pausa y realizar un escáner personal, muchos lo llaman "meditar" y créeme, después del 2020 la meditación me ayudó mucho a entender las emociones y pensamientos que tuve al principio de la pandemia.

Meditar es hacer un silencio interior y empezar a escucharte y escuchar lo que te dice tu cuerpo a través de ejercicios de respiración. ¿Cómo te sientes hoy? Este ejercicio te ayudará a reconocer cuál de las tres áreas necesitas desarrollar más, o cuál es tu "talón de Aquiles" o la más débil. Así que ¡manos a la obra! Vamos a trabajar juntos, no tengas miedo, quiero que te sientas acompañado o acompañada.

¡Vamos juntos a ecualizar nuestro cuerpo, nuestra mente y nuestro espíritu!

TWEETS CON MAGIA

Cuando hagas las cosas ¡hazlas en GRANDE o no las hagas!

El miedo, las emociones tóxicas y el pesimismo bajan las defensas de nuestro organismo.

Si quieres estar sano, es más importante prestar atención en sanitizar tus emociones, que el entorno.

El estado de ánimo está TOTALMENTE RELACIONADO con las enfermedades. Una persona que se enferma constantemente tiene que profundizar en su estado de ánimo en general.

Nunca discuto con personas tóxicas o necias. Sólo con personas que considero más inteligentes que yo y/o con personas que quiero.

Sería bueno que en algún momento todo ser humano que viaje al espacio no lleve banderas de ningún país. Deberíamos crear una sola bandera que represente a la raza humana en el espacio. Tenemos un largo recorrido para entender que sólo somos una especie y quitarnos etiquetas y banderas.

En estos tiempos de distancia social, acerquémonos más de corazón a las personas.

Antes de tomar decisiones correctas en tu vida, debes tener SABIDURÍA. Y ésta no llega con horas y horas de Instagram o por numerosos fines de semana en la fiesta.

Suena muy tonto, pero es muy real: he aprendido a darle mi tiempo sólo a lo que me importa. Por eso pocas cosas me llegan a afectar, o a modificar mi estado de ánimo. Lo mejor de todo es que con el tiempo, trato de que me importen menos cosas.

99% de las oportunidades que NO se te presentan es por tu MENTALIDAD, no porque no se te presenten. Las oportunidades (laborales, amistades, pareja) se gestan primero en tu MENTE.

Gracias por dejarme crecer contigo. Faltan muchas aventuras por vivir junto a ti, pero sólo hay una vida. Abraza la vida tan fuerte como yo. Apasiónate de TODO lo que hagas. Da TODO. No seas gris o frío. Pon a latir tu corazón cada mañana, abre los ojos, admira la naturaleza. Recuerda, los AMO A TODOS, siempre.

Una persona amargada es una persona que ha tomado PÉSIMAS decisiones en su vida, esto la llevó a tener una y otra decepción. Encontrarte con personas FELICES que celebran la vida es encontrar a alguien INTELIGENTE que te hará crecer.

Para conocer BIEN a una persona, fíjate si critica siempre a otras personas. En eso mides su grado de inseguridad y su nivel de envidia. A partir de ahí toma la decisión de alejarte de ella muy rápido o simplemente evita su contacto.

Es mucho peor estar con una persona pesimista que con una alcohólica o con problemas de adicción. Un pesimista te puede destruir la vida. Date 3 minutos y ve quién te rodea, con quien te juntas... ¿ya? en eso te convertirás o eso eres. ¡Click!

Estoy muy triste. Veo muchos papás que no educan a sus hijos, que no dan amor a sus hijos, que no ESCUCHAN a sus hijos, que viven en sus teléfonos, que no tienen como prioridad a LA FAMILIA, que tienen hijos por EGOÍSMO y no por AMOR.

MENTE

"Sea lo que sea lo que te gusta, hazlo. Sea lo que sea lo que te consuma, déjalo."

DEREK SIVERS

LA IMPORTANCIA DE LA SALUD EMOCIONAL

Como psicoterapeuta a veces tengo la fortuna de sentirme que trabajo en una especie de observatorio donde mi mirada no está precisamente puesta en el universo, sino en el espacio interior de cada chico y chica que veo en mi consulta. Ellos me permiten acceder a su profundidad no sólo por medio de sus relatos e historias de vida llenas de humanidad y magia, también por experiencias cargadas de sombra y dolor que los llevan a buscar un acompañamiento emocional para reencontrarse y sanar sus heridas, despertando en mí el anhelo de acompañarlos con una compasión profunda y honesta.

Estos encuentros son un viaje amoroso e inteligente al interior del otro. Los relatos que recibo en mi consulta no sólo me señalan la diversidad que enriquece, además, yo, como siempre, alumna de la vida, siento que lo que pasa en el otro, a veces también lo he experimentado. Esto se convierte en un dar recíproco y es un privilegio como psicoterapeuta que el adolescente se arroje hacia mí y hacia mi contención por medio de un acto de confianza donde me abre su mundo interno.

Lo primero que les pregunto es: ¿Por qué estás aquí? La respuesta siempre es la misma: no puedo, ni quiero seguir sintiéndome así.

La necesidad que nos empuja a buscar acompañamiento psicológico se debe a la urgencia de movernos de lugar, de tener un espacio para nosotros donde podamos derramar con libertad nuestras historias y emociones más íntimas, demenuzándolas y creando un lugar para acomodar nuevamente nuestros cielos nublados.

Nos han enseñado a estar pendientes de nuestra salud física, y eso está bien. Si sentimos alguna dolencia buscamos rápidamente a un doctor. Sin embargo, casi nunca nos enseñan a cuidar nuestra salud emocional. Poco nos hablaron de la importancia de aprender a identificar y gestionar nuestras emociones. Aprender a validarlas y sentirlas. A observar la biografía de nuestros conflictos. A buscar el cambio al cual nos resistimos y aprender a vivir en plenitud.

Cuando estamos pequeños y no tenemos una madurez emocional para entender ciertas situaciones o demandas del exterior, nos vemos envueltos en una serie de reglas sobre lo que es bueno y malo. Crecemos a veces con reproche, juicio y amenaza por sentir y desear cosas que no se nos permiten. En ese momento, sin la madurez para gestionar estas vivencias, no podemos resolverlas y guardarlas como experiencias cargadas de aprendizaje. Así que por miedo al juicio nos hemos visto obligados a enterrarlas en un lugar llamado "olvido". Un olvido que fue necesario para sobrevivir y no embarcarnos en el dolor.

Cuando tenemos pendientes emocionales, hechos no resueltos, nuestra energía evolutiva nos pone en situaciones donde revivimos patrones pasados y nos permite revisar y resolver esos pendientes, y aunque intentemos esconderlos nuevamente, vuelven a salir a través de diferentes síntomas, como manías, insomnios, ansiedad, depresión, ira, conductas no deseadas, adicciones, inseguridad, baja autoestima y muchas más conductas autodestructivas que son difíciles de resolver.

Hoy, que entendemos que la salud emocional es tan importante como cualquier espacio de nuestro ser, sobre todo a partir del confinamiento orillado por la pandemia donde nos vimos todos expuestos y vulnerables y afloraron nuestros pendientes emocionales más profundos, deseamos empezar a construir nuestro camino hacia la consciencia debido a la urgencia de nuestro ser.

Nuestra penumbra quiere ser acariciada por la luz. No importa lo inconcluso, lo experimentado en el pasado, hoy se le honra y agradece, pero también se le despide.

Se cierran ciclos y nos abrimos a una nueva forma de vivir convencidos de que un trabajo enfocado en nuestro interior nos resignifica la vida convirtiendo las experiencias en nuestra virtud y fortalezas presentes. Recuerda:

Siempre es un buen momento para cambiar.

Dejar atrás lo que ya no necesitamos (y no nos corresponde) cargar y vivir desde lo que verdaderamente somos y deseamos. Como seres humanos tenemos un impulso evolutivo que nos empuja a seguir en expansión.

El crecimiento psicológico ha sido investigado en la neurofisiología y se han encontrado descubrimientos importantes. Se trata de un nuevo postulado que denominaron "neuroplasticidad cerebral", viene a decirnos que antes se pensaba que a partir de cierta edad el ser humano comenzaba a perder neuronas y se tornaba mentalmente limitado, y esto no es cierto, al contrario, se ha descubierto que el cerebro se modifica constantemente en función de las nuevas experiencias e información que registra. Por lo tanto, nuestro cerebro (en la parte que le corresponde) se actualiza en forma ilimitada hacia ese estado de bienestar. Siempre podemos continuar desarrollando nuestra capacidad de absorber nuevas experiencias que nos lleven a estados más avanzados de consciencia.

Nuestras emociones actuales reflejan nuestro mundo interno. Nos informan cómo vivimos y recibimos lo que pasa a nuestro alrededor. Al entender nuestras conductas, podemos conocernos mejor y desde ahí satisfacer nuestras necesidades.

> No podemos trabajar lo que no observamos.

Al no verlas e identificarlas, nuestras emociones nos gobiernan. Tiene tanta fuerza nuestro mundo interior que seguro todos podemos recordar alguna situación donde no pudimos controlar el impulso de alguna emoción que en su momento no pudimos manejar.

La autorregulación emocional comienza a partir de los 4 años, aproximadamente, y es un proceso de maduración muy complejo al que nos enfrentamos todos.

El conocimiento que nos permite percibir y aprender de la realidad no sólo es cognitivo o racional, también es emocional. Y son nuestras emociones las que nos proporcionan conocimientos para una correcta adaptación en nuestra vida diaria. El reconocimiento de nuestras emociones es crucial para adaptarnos socialmente.

He observado como psicoterapeuta que cuando los jóvenes se entregan a su proceso terapéutico, no sólo mejoran sus habilidades para relacionarse con los demás, también mejoran sus habilidades académicas.

Existen autores que sostienen (y coincido) que la emoción afecta las funciones cognitivas (de aprendizaje) como la percepción, la memoria y la atención. Y con esto queda comprobado que la emoción y la cognición están íntimamente relacionadas.

En nuestro día a día tomamos decisiones con base en una valoración emocional. Por eso es importantísimo aprender sobre nuestro mundo emocional para comprendernos mejor y a partir de esto, comprender mejor a los demás.

Cuando nos regalamos el espacio y la apertura para comenzar a observar y gestionar mejor nuestras emociones, disminuimos el desgaste psicológico, esto nos permite hacer frente a las dificultades de nuestros días sanando heridas del pasado.

Identificar nuestras emociones y diferentes procesos que atravesamos, es el primer paso para un cambio significativo y profundo en nuestras vidas.

Las emociones: sentir para sanar

Sabemos que la tristeza (aflicción, pena, dolor, angustia, etcétera) forma parte de nuestra vida tanto como la alegría. Sin embargo, nos han enseñado que de las emociones incómodas hay que salir lo más pronto posible.

Hemos estigmatizado la tristeza, el enojo, el miedo... al grado de elaborar sofisticados mecanismos de defensa para evadirnos radicalmente de alguna de estas emociones, o las enfrentamos pero a veces estacionándonos más tiempo del necesario. Es aquí cuando nuestras experiencias difíciles pueden sumirnos en una tormenta emocional que causa una ruptura de nuestro ser. Lo cierto es que es necesario perdernos de vez en cuando para reencontrarnos: éste es el regalo invaluable que obsequian las crisis.

Cuando esto pasa, nos encontramos con lo que Thomas Moore denomina "la noche oscura del alma": un viaje hacia la profundidad de nuestro ser donde a partir de las crisis podemos acceder a nuestra verdadera esencia a través de nuestra vulnerabilidad y así reconocer las necesidades más profundas del alma.

Todos atravesamos en diferentes momentos de la vida por conflictos, pérdidas, frustraciones... y son estos momentos los que nos ofrecen numerosas oportunidades de autoconocimiento. A veces la palabra depresión nos sabe mucho a patología, cuando puede ser algo que nos haga cuestionarnos sobre el verdadero significado de nuestra vida.

Pero para lograrlo, tenemos que tomar la decisión firme de echar un clavado a nuestro interior más profundo y enfrentar nuestros fantasmas abriendo los archivos emocionales pendientes y confiar en que esta apertura dolorosa puede convertirse en el acto más grande de transformación.

Las crisis y sus fondos pueden ser una gran oportunidad para despertar, una oportunidad para crear un camino de vuelta a casa. Pareciera que la desconexión con nuestra esencia fuera un gran regalo, un presente envuelto en un proceso evolutivo donde ya no hay regreso porque las viejas formas desaparecen para dar espacio a lo nuevo, a una transformación personal y, por consiguiente, a una evolución de consciencia. Es decir, regresar a casa.

Una crisis es una experiencia en nuestra vida que nos lleva a cambios importantes. Cuando estamos atravesando una crisis personal nos vemos obligados a tomar decisiones importantes que en otras circunstancias no hubiéramos tomado. Encontrarnos en estas crisis nos hacen sentir tal incomodidad y dolor emocional que nos es imposible quedarnos ahí, orillándonos a movernos de lugar. No existe crecimiento sin dolor. Estas experiencias nos mudan de piel. Nos transforman.

Estamos acostumbrados a evadir el dolor a toda costa. Nos han dicho que no debemos sentir tristeza. Que debemos evitar el enojo y el miedo. Pero es imposible no sentir las emociones incómodas por mucho que nos esforcemos y por mucho que encontremos formas constantes de fugarnos y evadirlas. Las emociones no gestionadas siempre nos alcanzan. Aunque nadie nos enseñó a manejarlas, a darles espacio y sentirlas, a enfrentarlas y atravesarlas.

Las emociones primarias que definimos como desagradables pueden ser la tristeza, el miedo y el enojo. Éstas nos generan incomodidad, nos inquietan e intranquilizan, pero esto no quiere decir que sean negativas. No existen emociones negativas. Todas cumplen un papel adaptativo y necesario para nuestra evolución. Algunas de las funciones de nuestras emociones primarias son las siguientes:

- Miedo: nos alerta de algún peligro o nos advierte de algo.
- Tristeza: nos ayuda en el proceso de aceptación de alguna pérdida. Nos lleva a la introspección y recogimiento.
- Enojo: nos ayuda a poner límites.

Algunos síntomas que experimentamos de estas emociones incómodas son:

- Poca energía.
- Ganas de llorar.
- Dificultades para respirar, presión en el pecho.
- Tensión muscular.
- Dolores de estómago.
- Temblores.

Es muy importante que aprendamos a identificar las emociones que son difíciles de transitar para atenderlas. Cada emoción que experimentamos es necesaria para nuestra vida. Cada una tiene su función y son parte de nuestro desarrollo. La palabra emoción proviene del latín "emovere" (significa "mover afuera"). Es lo que nos hace acercarnos —o alejarnos— a una persona o circunstancia. La emoción es una tendencia a movernos, a actuar, y se activa por medio de los pensamientos.

Las emociones son universales pero lo que despierta la emoción puede ser diferente; además nos ayudan a relacionarnos, a estar alertas de un posible peligro, a poner límites necesarios. Por mucho tiempo se le daba mayor importancia a nuestro intelecto y pensamiento que a nuestro mundo afectivo-emocional.

Por esto es que aún podemos vivir el miedo, la tristeza o el enojo como señales de debilidad, con la vulnerabilidad que sentimos al experimentarlos, cuando en realidad la verdadera fortaleza reside en la expresión y aceptación de estas emociones. Venimos a sentir a través de nuestras experiencias, ya sean placenteras o dolorosas. Nuestro verdadero problema no son las emociones, sino nuestra resistencia a sentirlas y aceptarlas. Convivir con ellas es cuestión de un trabajo interior comprometido.

Somos seres de luces y sombras. La forma en que aprendamos a manejar este juego de polaridades será clave para nuestro desarrollo emocional. ¿Decidimos seguir evadiendo nuestra incomodidad con fugas y distracciones externas o decidimos confiar en el misterio que trae consigo abrirnos y enfrentar nuestra verdad?

En mi experiencia de vida y profesional con los chicos y chicas que acompaño en sus procesos, me he dado cuenta de que a veces mi psicoterapia y los conocimientos que tengo de ella son limitados para describir con exactitud y claridad esos fondos por los que atravieso al igual que todos.

La psicología, con sus objetivos terapéuticos, es una gran herramienta de autoconocimiento, pero si no somos conscientes de nuestro proceso, se reduce la experiencia que tenemos que atravesar. Su intención es ayudarnos a liberar y gestionar nuestro sufrimiento, sin embargo, a veces deja de lado el verdadero significado de la travesía debido a nuestra oscuridad. En la mayoría de las veces, estas travesías profundas son la iniciación de nuestro camino hacia la madurez espiritual.

El Covid-19 y su marca de depresión y ansiedad

En marzo del 2020 cambió nuestra vida de una forma abrupta. Todos, sin excepción, nos vimos envueltos en una travesía profunda, sin vuelta atrás. Una pandemia se propago a nivel mundial y nos alcanzó. El estado de emergencia que decretó nuestro gobierno para hacer frente a la crisis sanitaria por la expansión del coronavirus nos obligó a confinarnos en nuestras casas. Fue un aislamiento obligatorio y la sensación de encierro fracturó nuestra cotidianidad. Sentimos una gran pérdida de la libertad que desató nuestras emociones sin ningún control.

Es claro que no podemos vivir aislados, pues es en el encuentro con los demás donde nos confirmamos como personas. Coexistimos con los demás, nos ayudan a crecer y a desarrollarnos. Por lo tanto, este confinamiento obligatorio creó una carga psicológica importante en nosotros mientras nos adaptábamos a nuevas situaciones una y otra vez. Esto generó un gran estrés y todas las consecuencias que se desataron con esta nueva forma de vida que adoptamos.

La pandemia transformó la manera en que vivimos y la forma en la que nos relacionamos con las personas de manera radical. No hay duda de la huella psicológica y social que la pandemia dejará en la mayoría de nosotros. Generó de inmediato afectaciones significativas en la salud física y emocional de muchísimas personas. De un día a otro nos vimos obligados a entrar en un confinamiento que nos enfrentó con nuestra realidad más íntima. Este aislamiento, el miedo al contagio, las pérdidas de contacto físico, la ausencia académica y laboral, la disfuncionalidad familiar, etcétera, aumentaron el porcentaje de casos de ansiedad, depresión, alteraciones en nuestro ciclo de sueño y hasta suicidio.

No sólo nos vimos forzados a soltar nuestra vida exterior, también a enfrentar todo aquello pendiente que resurgía mientras los días pasaban y el encierro nos empujaba a revisar nuestros espacios emocionales sin resolver con las personas que convivíamos a diario. Los cambios sociales siempre tienen un importante impacto en nuestra integridad, en nuestros espacios físicos, anímicos y psicológicos. El impacto de las complicaciones psicoafectivas de todos fue muy duro.

Hoy sabemos que el aislamiento social genera trastornos emocionales muy fuertes en las personas.

Durante este aislamiento social surgieron varios síntomas derivados del encierro, cuando recibimos el diagnóstico de nuestro contagio, de algún conocido o familiar, o al vivir un duelo por la pérdida de alguien cercano o conocido. Las reacciones emocionales crean una ruptura de lazos afectivos con los otros. La conducta adaptativa originada por dolor genera gran desgaste emocional que desemboca en tristeza profunda, antesala de una depresión. Desesperanza, incertidumbre, desinterés, alteraciones cognitivas como falta de concentración, dificultad para tomar decisiones, irritabilidad, pensamientos negativos y de muerte.

Ante el bombardeo de información referida al Covid-19 y la poca claridad de sus posibles respuestas y consecuencias, se dispararon los trastornos de ansiedad como respuesta social, además de ataques de pánico, resultado de un alto índice de nerviosismo y preocupación. Empezamos a vivir un presente con la mirada puesta en un futuro amenazante e incierto.

De cierto modo nuestro mundo externo, con sus distracciones (escuelas, entretenimientos, amigos y amigas, espacio laboral, etcétera), funcionaba también como un contenedor emocional por medio del cual podíamos equilibrar un poco nuestro mundo emocional. Al soltarlo, nos quedamos desnudos frente a nosotros, despertando todo lo que quizá no queríamos ver, más la carga evidente de nuestra situación actual de confinamiento y sus alcances emocionales.

No sólo enfrentamos esta cruda confrontación con nuestro ser emocional y sus efectos negativos psicológicos, también las condiciones que un confinamiento involucra: síntomas de estrés postraumático, enfado y confusión. Los factores estresantes crecen en la medida que la información no es clara y suficiente, esto deriva en incertidumbre, pérdidas económicas, laborales, frustración, aburrimiento, miedo al contagio, agotamiento emocional, incremento de la violencia, fractura de nuestras relaciones por falta o exceso de convivencia familiar o con las personas con las que vivimos. Nuestros patrones de sueño se alteraron y la carga de trabajo o estudio en línea aumentó nuestro estrés por el proceso de adaptación a una nueva modalidad en el día a día.

Conforme pasa el tiempo vemos todas las afectaciones en la salud mental que deja esta experiencia. La cierto es que no estábamos preparados para afrontar una situación así y esto nos orilla a desarrollar nuevas estructuras y herramientas para adaptarnos a la nueva realidad.

El impacto psicológico del confinamiento es muy amplio y cada uno lo vivimos de formas diferentes, pero para todos ha sido profundamente complejo y una constante montaña rusa emocional. Sin duda, atravesamos un proceso de agotamiento físico y emocional.

La pandemia desató grandes niveles de ansiedad y depresión en todo el mundo. Éstas se presentan con bajones de energía y de ánimo. Los problemas psicológicos se vuelven crónicos y así, algunas situaciones pueden derivar en un aumento de ansiedad o de depresión, incluso convertirse en trastornos, y si estos síntomas se alargan en el tiempo y no son atendidos, pueden provocar enfermedades mentales serias.

Es importante definir estos dos trastornos y sus síntomas para identificarlos con mayor facilidad y confirmar si estamos atravesando por una crisis que, como consecuencia, desate una depresión o crisis de ansiedad.

Ansiedad

Sentir ansiedad ocasional es normal en la vida. La ansiedad es un mecanismo defensivo. Un sistema de alerta ante situaciones consideradas amenazantes. En algunos casos funciona de forma alterada produciendo sentimientos intensos de miedo, preocupaciones grandes y persistentes que pueden desembocar en crisis de pánico. La ansiedad se produce cuando la angustia alcanza niveles de intensidad o duración tan elevados que la persona entra en estado profundo de miedo y terror sin un peligro aparente. Estos sentimientos de ansiedad y de pánico empiezan a interferir en nuestra cotidianidad, en nuestras relaciones y son muy difíciles de controlar por ser desproporcionados respecto al peligro real y pueden durar largo tiempo.

Algunos síntomas que revelan que experimentamos ansiedad son:

- Preocupación excesiva.
- Sensación de nerviosismo, agitación o tensión.
- Sensación de peligro inminente, de catástrofe o pánico.
- Aumento del ritmo cardíaco.
- Mareo y naúseas.
- Respiración acelerada (hiperventilación).
- Sudoración.
- Temblores.
- Escalofríos o sofocaciones.
- Entumecimiento y hormigueo en alguna parte del cuerpo.
- Opresión o dolor en el pecho.
- Debilidad o cansancio.
- Problemas para concentrarse.

- Insomnio.
- Dificultad para controlar las preocupaciones.
- Pensamientos o acciones repetitivas.
- Temor a estar entre la multitud.
- Miedo irracional a morir.
- Miedo a perder el control.

La ansiedad tiene una predisposición genética, aunque la educación en la infancia, los rasgos de personalidad, etcétera, también son factores determinantes.

Los trastornos de ansiedad se pueden volver crónicos si persisten las experiencias que detonan el estrés, o si se mantienen los pensamientos que ocasionan un temor a la presentación de los síntomas, creando un círculo vicioso entre la ansiedad y el miedo a presentarla.

El diagnóstico de la ansiedad como un trastorno debe basarse en la evaluación clínica por parte de un especialista en psiquiatría, a través de una entrevista diagnóstica. Sin embargo, cuando nuestro cuadro de ansiedad no es clínico (pero no por eso menos preocupante y difícil) podemos seguir algunas recomendaciones que nos ayudan a combatirla. Te comparto algunos consejos:

1. **Ejercicio.** Los beneficios son mayores si lo hacemos constantemente. Las personas que hacen ejercicio regularmente son menos propensas a experimentar ansiedad. Ya hablamos anteriormente de la importancia que tiene el ejercicio en nuestra salud física y emocional. El ejercicio a largo plazo reduce las hormonas del estrés en nuestro cuerpo, como el cortisol. También ayuda a liberar endorfinas, que actúan como un analgésico natural.

El ejercicio también mejora la calidad del sueño, el cual se ve alterado por el estrés y la ansiedad. También mejora nuestra confianza porque nos sentimos más competentes y seguros de nuestro cuerpo, lo que promueve nuestro bienestar mental.

Intenta realizar una rutina de ejercicios o actividades que realmente disfrutes, como yoga, caminar, bailar, correr, nadar o montañismo.

2. Alimentación. Considera algunos suplementos que promueven la reducción de la ansiedad, esto puede marcar una diferencia considerable; los más comunes son:

- Ácidos grasos Omega 3.
- Ashwagandha, una hierba que utiliza la medicina ayurvédica para tratar el estrés y la ansiedad.
- Té verde: contiene muchos antioxidantes que proporcionan beneficios a nuestra salud y ayudan a reducir el estrés y la ansiedad al incrementar los niveles de serotonina.
- Valeriana, es una raíz que ayuda a dormir mejor porque tiene un efecto relajante.
- Bálsamo de limón, pertenece a la familia de la menta y se han estudiado sus efectos positivos contra la ansiedad.
- Es importante siempre consultar con un médico por si tenemos alguna afección y cuidar que no haya efectos secundarios.

3. Aromaterapia y velas. Aceites esenciales o encender una vela aromática puede ayudarnos a reducir nuestra sensación de estrés o ansiedad, e introducirnos en un ambiente relajado y tranquilo. Algunos aromas son especialmente calmantes:

- Lavanda.
- Rosas.
- Bergamota.
- Flores de naranja.
- Incienso.
- Sándalo.
- Geranio.
- Flor de Azahar.
- Camomila

Utilizar los aromas para nuestro bienestar anímico se llama aromaterapia y varias investigaciones han demostrado que ayudan a disminuir la ansiedad y a mejorar nuestra calidad de sueño.

4. Reduce la cafeína. La cafeína es un estimulante que encontramos en el café, té, chocolate y en bebidas energizantes.

5. Escribe. Es útil tener un diario donde podamos vaciar los pensamientos que nos estresan. Escribir lo que nos produce estrés en el día. Sacar todo lo que nos incomoda nos libera un poco, aligera la carga y cuando nos sentimos más ligeros podemos observar las situaciones con más claridad y desde ahí dejarnos afectar menos. Nos ayuda también escribir la contraparte: recordar y aterrizar todo aquello por lo que nos sentimos agradecidos. No olvidar que dentro de toda la experiencia incómoda, siempre tenemos situaciones presentes por las cuales agradecer. La gratitud y los pensamientos positivos disminuyen la sensación de estrés y ansiedad.

6. Compañía. El apoyo de los amigos y la familia ayuda a compartir la posible carga emocional que estemos atravesando. Una red de apoyo nos da sensación de pertenencia. Estudios han determinado que los hombres y mujeres que tienen menos relaciones sociales, tienen más probabilidad de sufrir ansiedad y depresión.

7. Reír. Cuando uno ríe, se está en el momento presente. Es imposible reír sintiendo ansiedad. Reír reduce la respuesta al estrés y la tensión muscular. Intentar rodearnos de personas que nos provoquen estallar en risa y ver programas que nos desaten la risa es un buen comienzo para reducir nuestra ansiedad.

8. Decir NO. Es importante definir qué situaciones de nuestra vida podemos controlar y cuáles no. Preguntarnos ¿qué aspectos de mi vida me estresan y me causan ansiedad y están bajo mi control para modificarlos? Una forma de hacerlo es aprender a decir no a situaciones que nos agobian o casos en los cuales sabemos que no podremos sostener. Aprendamos a *no* aceptar más de lo que podemos controlar.

9. Evitar la procrastinación. Es muy efectivo hacer una lista de prioridades y de los pendientes inmediatos para tener un orden y tiempos establecidos y así dejar de postergar las cosas. Darnos plazos realistas para cada tarea y trabajar de acuerdo con los tiempos establecidos. Cuando nos sentimos muy abrumados es más fácil convertir las situaciones en detonantes de estrés y ansiedad.

10. Mindfulness. El mindfulness es la capacidad que tenemos de estar en el momento presente de forma equilibrada. Es una habilidad que nos ayuda a lograr el bienestar de nuestras emociones. Esta técnica nos auxilia para combatir los efectos de pensamientos negativos que inducen la ansiedad.

11. Respiración consciente. La ansiedad activa nuestro sistema nervioso simpático mandando la señal a nuestro cuerpo de huida. Durante esta reacción, las hormonas del estrés se liberan ocasionando síntomas físicos como aumento del ritmo cardíaco, hiperventilación, etcétera. Los ejercicios de respiración profunda ayudan a activar el sistema nervioso parasimpático, que controla la respuesta de la relajación. El objetivo de la respiración es enfocar la atención en ella. Respirar profundamente reduce nuestro ritmo cardíaco y esto nos hace sentir más tranquilos.

La ansiedad cada vez es más común, pero también tenemos hoy más información acerca de ella, por lo tanto, podemos abordarla con mayor conocimiento con la certeza de que existe una solución para enfrentarla, el trabajo está en nosotros, en reconocer cuál es nuestro mejor camino para atenderla.

Depresión

La depresión es un trastorno emocional que causa un sentimiento de tristeza, decaimiento, ira o frustración constante, además de pérdida de interés para realizar diferentes actividades. La tristeza es parte de nuestra experiencia de vida, atravesarla y permitirnos sentirla es parte de nuestro proceso, de nuestro aprendizaje y los procesos de sanación emocional; pero si estos sentimientos persisten y comienzan a afectar sustancialmente nuestras vidas, podemos encontrarnos en una depresión. Según la Organización Mundial de la Salud (OMS), la depresión es la principal causa de discapacidad en todo el mundo.

Las experiencias naturales e inevitables de la vida como la pérdida de personas significativas, de trabajo, etcétera, pueden provocar depresión. El confinamiento por la pandemia llegó a agudizar estas alteraciones en nuestro estado de ánimo. Si los sentimientos de dolor son persistentes tendremos que poner atención y buscar ayuda. La depresión es continua, puede durar semanas, meses o años. Algunos síntomas de la depresión son:

- Ánimo bajo.
- Fatiga.
- Irritabilidad.
- Letargia.
- Propensión a llorar.
- Sensación de vacío.
- Baja autoestima.
- Dificultad para tomar decisiones.
- Poca concentración.
- Ansiedad.
- Pensamientos pesimistas.
- Insomnio.
- Cambio en el apetito.
- Ausentismo.
- Inactividad.
- Aislamiento.
- Pensamientos de muerte.
- Ideas suicidas.
- Intento de suicidio.

En la depresión, al igual que en la ansiedad, tenemos que estar atentos cuando sale de control y buscar ayuda de un profesional. Si podemos cambiar ciertas conductas y adquirir otras que nos ayuden a enfrentar nuestra depresión, hagámoslo. Todas las recomendaciones para la ansiedad aplican también para la depresión, pues nos ayudarán a mejorar nuestra estabilidad emocional. El ejercicio, la alimentación, identificar los problemas, expresar y compartir lo que sentimos, respirar, meditar, etcétera, son acciones que ayudan a enfrentar las situaciones incómodas de una forma diferente.

La depresión y la ansiedad son dos temas que no debemos subestimar. Se habla mucho sobre esto, pero pocas veces le damos la atención necesaria. Estamos tan ocupados cubriendo otras necesidades a las que creemos más importantes y dejamos de lado nuestra necesidad y salud emocional.

No sólo la pandemia desató altísimos niveles de depresión y ansiedad, también el estrés se ha convertido en un tema central que debe ser atendido adecuadamente para evitar algunos trastornos que puedan alterar aún más nuestra salud física y mental, afectando nuestros espacios familiares, nuestra área social y laboral.

Mi experiencia directa con la depresión

Hace cinco años y de manera silenciosa caí en una depresión profunda que me llevó mucho tiempo aceptar. Aun con el discurso y la teoría perfectamente claras en mi mente, a partir de un acontecimiento doloroso, en ese momento fuera de mi control, empecé a caer en una tristeza que normalicé sin ser consciente de ella.

Surgió un pozo depresivo muy evidente después de una experiencia amarga, y cuando creí dejarlo atrás, empezó un decaimiento gradual y una serie de síntomas que los adjudicaba a todo menos a la tristeza. ¿Cómo yo, una psicoterapeuta, con una vida supuestamente espiritual, podía experimentar depresión y ansiedad? Empecé con alteraciones de sueño, con angustia nocturna.

Varios días a la semana me despertaba a media noche con sudoración y escalofríos (ataques de ansiedad). Despertaba cansada. Triste. Empecé a perder interés en lo que antes me motivaba. Tenía pensamientos negativos que me generaban mucha angustia y una enorme frustración por sentirme fuera de control. En ese momento vivía en una ciudad donde no me sentía cómoda, donde sentía no pertenecer.

Un día, mi mejor amiga me hizo una cita con un doctor del cual sólo me dijo que me podía ayudar. Ella había consultado con él por un tema de su tiroides. Llegué a mi cita con el doctor Padilla con la esperanza de que acompañaría mi inestabilidad emocional a través de una guía de alimentación consciente. Pero no, la presencia y la conexión con el doctor Padilla cambió mi vida. Me acompañó en un proceso de recuperación integral muy especial.

Desde nuestra primera cita construimos una conexión real y desinteresada. Me dijo que no me cobraría ni una sola sesión (iba dos veces a la semana), sólo si yo me comprometía a hacer lo mismo por alguien más, ayudar a alguien sin esperar ningún tipo de compensación.

Ese primer día de encuentro lo conservo intacto en mi memoria con una frase que me hizo girar 180 grados en mi vida: "Andrea, donde no florezcas, vete. Aplica para espacios físicos, relaciones y amistades."

Mi proceso de sanación comenzó y mi amistad con el doctor Padilla también. Es muy importante en nuestra vida rodearse de las personas adecuadas. Somos seres sociales altamente influenciables, por eso es fundamental elegir a las personas con las que compartimos nuestra energía, nuestras conversaciones, nuestro tiempo. Siempre he pensado que hay que ser muy selectivos con las personas que permitimos entrar a nuestra vida. La mirada y lectura de vida depende mucho de lo que dejamos entrar a nuestro ser, lo que vemos, lo que escuchamos, lo que nos permitimos sentir ante los estímulos externos.

Después de comenzar el camino de vuelta hacia mí, a través de la compañía y contención del doctor, a los tres meses fui a comprar 16 cajas de cartón y comencé a empacar para volar a otra ciudad donde comenzaría (una vez más) una nueva vida. Siempre he pensando que la vida compensa con experiencias maravillosas a los que se atreven a saltar, a dejar lo cierto por lo incierto, a quienes confían en la sabiduría de la vida y se entregan con la apertura de un principiante. "Ojos de principiante, Andrea", me decía siempre un profesor de mi especialidad. "Ojos de principiante para absorber todo el aprendizaje que la vida te muestra." Sólo con humildad se tiene la apertura para dejar entrar nuevos mundos a nuestra existencia, a veces tan terca.

TWEETS CON MAGIA

La vida es muy simple: las personas tontas son las que se complican la vida. Entre más capacidades tengas, más fácil aprendes a ver la vida con sencillez y a vivirla de forma más plena y alegre.

Cosas en que me fijo para saber cómo es una persona, sin miedo a equivocarme: 1. Qué come y cómo come, 2. Su ortografía, 3. Cómo habla de su familia, 4. Qué tan significativo es el arte en su vida, 5. Cómo me ve a los ojos, 6. Qué tan altruista es y 7. Qué tanto habla de otras personas.

Las oportunidades en la vida se presentan cuando sabemos tomar buenas decisiones.

No me extraña la maravillosa conexión de la gente que se queja de las cosas, con la gente que le va mal en la vida. Por eso aléjense de inmediato de las personas que constantemente se quejan, pues no se hacen cargo de las constantes malas decisiones que toman.

Hoy la gente prefiere tener mil seguidores en Instagram, que un buen amigo real.

Que tu propósito en la vida no sea vivir soñando. Que tu propósito sea vivir de tus sueños. ¡Click!

A la gente le callas la boca no con más palabras, sino con tus acciones.

Para vivir una vida ORDINARIA, mejor quédate dormido en tu cama. Afuera de tu casa está la cancha donde jugamos quienes queremos una vida EXTRAORDINARIA.

Me fascina comenzar nuevos proyectos. He sido bendecido por hacer lo que me apasiona desde los 11 años. Rodearse de gente talentosa y buena es la clave.

Busco proyectos que me diviertan, que me hagan crecer como profesional. Por eso estoy en busca de producir mis propios contenidos, son los que más disfruto.

Me da risa cuando la gente piensa que va a sorprenderme diciéndome "conozco a…" "soy tal…", "trabajo en…", automáticamente me perdió.

Lo más bello de una persona es un corazón sin pretensiones, sin poses, empático, latiendo preciso en el presente. La conexión de dos corazones así es inminente.

Me encanta la palabra "aventura". Me encanta la gente que la usa. Me enamoro de quien las hace.

Amo las coincidencias. Amo trazar la historia de mi propia vida. Soy un gran apasionado de confeccionar mi destino.

Me encanta improvisar: como el Jazz.

Recientemente entendí que el amor entre dos personas no dura para siempre, como nos hacen creer. El amor con el tiempo se trasforma, y si no eres lo suficientemente maduro y creativo, se pierde. Creer que las cosas son para siempre es un gran error.

Creo que estoy lo suficientemente loco como para sobrevivir día con día.

MI IDEA DE HACER UNA GRAN COMUNIDAD PARA QUE NUNCA TE SIENTAS SOLO

En estas páginas, como te diste cuenta, has conocido una parte más de mí que quizá no conocías por la televisión, la radio o mis redes sociales. Y aunque dentro de mis prioridades se encuentra el contacto con ustedes, que han crecido conmigo, es muy difícil conocer a una persona al cien por ciento a través de una pantalla; de hecho, es muy difícil a veces hasta cuando existe una relación en persona. Pero en estas páginas seguramente conocerás más de mí y, créeme, a mí también me encanta conocerlos. A veces, cuando conozco a alguien me pregunta: "¿Cómo si eres tan extrovertido y conoces a *todo el mundo*, tienes que contar una etapa de tu vida que te llevó a ser la persona que eres ahora?"

Déjame decirte, creo en la evolución de las personas y estoy convencido de que tanto tú como yo no somos los mismos del año pasado, es más, te aseguro que no eres el mismo antes de que surgiera la pandemia. La vida es cambio, movimiento, evolución y así como es una transformación constante, nosotros también. Hace unos años era muy distinto a lo que soy ahora. Quizá te va a sorprender lo que te voy a decir porque es difícil de imaginarlo, porque en pantalla daba una impresión y personalmente otra. Hoy soy mucho más parecido a la persona que ves en la televisión, en la radio o hasta en mis redes sociales.

Antes de empezar a crear mi primera empresa Tropico Group, mi casa productora creadora de contenido, era una persona algo reservada, introvertida para hablar con las personas ¿difícil de creer no? Y no era timidez, simplemente era muy callado y no sentía ganas o quizá necesidad de hablar con personas que no conocía, tal vez era temeroso de revelar mi vida personal y luego sentir que podrían traicionarme, hoy creo que no tenía sentido cómo pensaba años atrás.

Toda mi vida se resumía en mi familia y mis amigos más cercanos, no intentaba ampliar más mi círculo. Cuando empecé a formar mi empresa, tuve la necesidad de empezar a modificar esa forma tan cerrada de ser. Empecé a reunirme con gente que consideraba talentosa, reunir fondos para mi primer proyecto y hacer castings para incorporar talento, me convertí poco a poco una persona más libre, más social y ahora lo admito, mucho más feliz.

Cuando cuento esta etapa de mi vida, siempre les digo: "¡Sí, Roger Gonzalez Show me cambió la vida!" Y no sólo porque ese primer proyecto que producimos fue un éxito tanto en números en Youtube como en ingresos por patrocinadores y marcas, lo digo porque personalmente me hizo un Roger diferente, y a partir de ahí una persona que aprendió que las relaciones humanas son fundamentales para sentir una gran felicidad. Después de tres años juntos con todo el equipo de Roger Gonzalez Show, ¡ya éramos una gran familia! y algo muy cercano a una hermosa "comunidad". Teníamos algo que nos unía: un proyecto en Youtube, y fuera de las grabaciones semanales, teníamos muchas cosas en común, sueños, metas, intereses comunes, compartíamos valores y uno de ellos era la amistad, uno de los más importantes. Con este proyecto hicimos muchísimas cosas, cubrimos un sin fin de alfombras rojas, nos visitaron todos los Youtubers que te

Haciendo entrevistas para
la película de *Sing 2*.

En el estreno de *Sing 2*,
donde hago la voz de Johnny.

Imitando a Enrique Iglesias en *Venga la Alegría*.

En el mundo de Harry Potter, con Chino.

Me gustan los deportes acuáticos, ¡el surf me encanta!

Disfrutando la playa en La Paz.

Conduciendo el Especial de Año Nuevo, en Nueva York.

Karlita asegurándose de que
hago ejercicio en su show.

En *Todo un Show*, el programa
con el que regresé a TV Azteca.

En Cozumel.

Tres Tragones.

Mi mejor amigo también trabaja conmigo ¡eso es suerte!

Mi hermana y yo
explorando un cenote.

Disfrutando el mar.

¡Tulum me encanta!

En el faro de la isla de Cozumel.

Con los hermanos Turizo en EXA FM.

Los mejores atardeceres de La Paz se ven en este sitio.

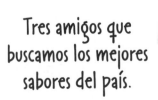

Tres amigos que buscamos los mejores sabores del país.

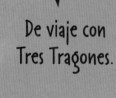

¡Vivan las tradiciones mexicanas!

De viaje con Tres Tragones.

@TresTragones.

La pasamos
bien viajando.

¡Como sacados de una
peli de Spielberg!

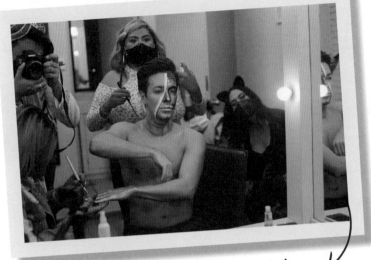

En televisión, el trabajo en equipo
es lo más importante.

Con una de mis mejores amigas,
Vale Cuevas: ¡La amo!

Con Cucci, cantando en vivo el tema
de nuestra serie original *Génesis*.

Danna Paola en *Roger Gonzalez Show*,
¡nos reímos mucho!

Dani y yo con un gran amigo,
el Embajador de Qatar en México,
Mohammed Alkuwari.

Mi sobrina Mía:
¡Mi princesa!

¡Les presento al mejor
equipo de la radio!

En esta industria hay que hacer de todo... ¡DE TODO!

Fin de semana cerca del mar para reconectarme.

Tratando de hacer la foto "perfecta".

Me encanta Jungala.

En la playa donde escribí gran parte de este libro.

Viajando por España.

Un gran artista y amigo: Camilo.

De mis artistas españolas favoritas: Aitana.

¡Cozumel
de mis amores!

Sentí una mirada
y volteé.

puedas imaginar, los mejores artistas del momento y viajamos por muchas partes del mundo.

Recuerdo que el programa inicial que lanzamos de Roger Gonzalez Show fue el primero de noviembre de 2017 con CD9, Danna Paola y Rulés, un estreno que nos llevó casi un año de trabajo antes del lanzamiento. El programa lo hacíamos desde la Universidad de la Comunicación, escuela que nos apoyó siempre y todo el tiempo que grabamos Roger Gonzalez Show en su estudio. Cuando comenzó la pandemia en el 2020 la Universidad tuvo que cerrar y nosotros interrumpimos las grabaciones de nuestro show.

En esta carrera dicen que hay proyectos que te cambian la vida, y tienen razón. Este show con el que nació mi productora Trópico Group es prueba de ello, me permitió salir de mi zona de confort y empezar a liderar equipos grandes y socializar más, empecé a ser una mejor versión de mí. Una de mis grandes pasiones son los viajes y gracias a esta nueva forma de ser con los demás, comencé a disfrutar mucho más mis viajes a distintos países. Te confieso que he hecho grandes amigos en muchos lugares gracias a mi nueva forma de ver las cosas; hoy estoy convencido de que abrirte a las personas y confiar en ellas desde un inicio puede traer a tu vida grandes amigos y personas de las que aprenderás mucho.

Todo esto tiene sentido, sin duda. Hace algunos años leí el famoso estudio de Harvard donde se revelan las claves de la felicidad ¿Lo leíste? Si no, te cuento. El estudio le llevó 80 años de trabajo al doctor Waldinger, profesor de psiquiatría en la Escuela de Medicina de Harvard y su equipo. Todo comenzó cuando en una de sus cátedras el doctor preguntó a sus estudiantes cómo esperan conseguir la felicidad en la vida, 50% le respondió que con la fama (y eso que aún no existían las redes sociales), el resto respondió que con dinero.

Robert Waldinger empezó a dirigir un estudio que desde 1938 siguió a un grupo de estudiantes de su universidad y a su descendencia para investigar sobre su salud y su felicidad. Es muy interesante la historia del estudio porque comenzó el proyecto con 268 hombres, recordemos que en esos años no se admitían mujeres en Harvard y entre el grupo original de aquellos hombres se encontraban figuras como el presidente John F. Kennedy o el editor del *Washington Post*, Ben Bradlee. A lo largo de estos años el estudio se ha ampliado y hoy son públicos los resultados de esta investigación.

El estudio de Waldinger es contundente, por encima de la fama y el dinero, lo que te da una verdadera felicidad son las relaciones con las personas ¡pum! ¡Ahora todo tiene sentido! ¿Por qué nadie me lo dijo antes?

Además, el estudio revela otros hallazgos que me dejaron helado: asegura que hay una conexión directa entre las relaciones, la felicidad y la salud. El trabajo demostró que crear vínculos personales plenos (sanos y armoniosos) tiene enormes beneficios en la salud como retrasar el deterioro mental, mantiene una óptima capacidad de memoria, controla el estrés y ayuda a descansar mejor. Y más, revela que la felicidad es un indicador más seguro que la predisposición genética cuando se trata de longevidad (hablaré de esto más adelante). Según el doctor Waldinger, "las personas que estaban más satisfechas con sus relaciones estaban más sanas".

También leí que el profesor afirmaba que "la soledad mata y es igual de poderosa que fumar o el alcoholismo"; en ese momento recordé a mi abuelita Tere, la mamá de mi papá, muerta por la tristeza y solita en su cuarto. Seguramente te sonará familiar esta historia: mi abue había enviudado hacía muchos años de mi abuelo Rogelio, era una mujer encantadora, apasionada de la vida (como yo), vivía viajando y era muy feliz. Desafortunadamente a su hijo le detectaron cáncer y unos años después murió. Mi papá y mi tía le dijeron a mi abue que se fuera a Monterrey a vivir con ellos para estar más cerca en ese momento tan triste. Ella aceptó, pero tiempo más tarde murió porque la depresión fue tan grande que empezó a perder peso y sus ganas de vivir desaparecieron poco a poco.

"Las personas que se sienten solas presentan más riesgos para la salud." La American Psychological Association, en Estados Unidos, declaró hace algunos años que la soledad es un peligro para la salud pública igual de importante que la obesidad.

Leer este estudio me hizo todo el sentido de lo que había vivido los últimos años y cambió mi actitud frente a la vida social. Me encontraba en el punto que más realizado me sentía en la vida, con una hermosa relación familiar, como siempre, y una maravillosa relación con diferentes grupos de amigos, socios y equipos de trabajo en las diferentes empresas donde participaba y esto me hacía muy feliz.

Aunque los resultados de la investigación acerca de la felicidad de Harvard son evidentes, construir relaciones profundas y plenas no siempre es fácil.

Creo que para enriquecer una buena relación hay que enfrentar adversidades. Una buena relación no se basa en que no hay problemas; es más, las buenas relaciones de pareja no indican que nunca habrá discusiones, lo importante es la rapidez y madurez con las que se resuelven los conflictos.

El psiquiatra George Vaillant se unió a la investigación de la que hablo en 1966 y en 2012 publicó un libro sobre los factores que influyen en mantener buena salud mientras envejecemos, algunos puntos importantes son: actividad física, ausencia de alcohol y tabaco, además de contar con mecanismos maduros para enfrentar los altibajos de la vida.

Lo más extraño es que cuando comenzó el estudio de la felicidad, a poca gente le importó; en esos años a la sociedad no le interesaba la empatía, aunque la clave para un envejecimiento saludable es "tener buenas relaciones con los demás".

Con el paso de los años me he dado cuenta de lo importante que es en mi vida crear redes de apoyo emocional. A mi hermana Andy le he confesado muchas veces lo bueno que ha sido para mí tener buenos amigos en todos lados. Y aunque también en estos últimos años me ha traicionado alguna que otra amistad, los beneficios y los amigos verdaderos son más que las veces que no han sido honestos con nosotros. Porque en el camino, cuando tienes esta filosofía de abrirte a las relaciones y confiar en los demás, puedes encontrarte con muchas personas, buenas y malas, pero ser una persona que confía en los demás te acerca a oportunidades y personas grandiosas, no es así si eres una persona desconfiada y cerrada.

Comunidad real vs redes sociales

Desde hace varios años me ha dado vueltas la idea de crear una verdadera comunidad. Un grupo de personas con valores en común y una filosofía de vida compartida. Porque más allá de tener redes sociales y estar conectados en todas, en ellas hay todo tipo de personas y, como en la vida real, encuentras personas que valen la pena y suman a tu vida, pero también encuentras a personas que simplemente no comparten los mismos valores que los tuyos y quizá están ahí por quién eres (o la parte más perfecta de ti) y no por lo que eres realmente como ser humano.

¿Cómo encontrar entre millones de personas a las que realmente están contigo porque comparten su valor como personas?

Bueno, es difícil, pero sería increíble encontrar entre todas a las que realmente serían parte de una comunidad, una verdadera comunidad con valores comunes, donde aprendas cosas nuevas y puedas sentirte parte de algo más grande, una red de apoyo real. Ese ha sido uno de los temas en los que he trabajado en los últimos años, crear una comunidad en la que todos sus integrantes se sientan parte de una gran familia.

El nacimiento de una gran comunidad: Wemo.

Durante 2021, uno de mis mejores amigos y también socio de la segunda empresa que formé, nos relacionamos con otra empresa para hacer realidad este sueño: creamos una nueva marca e iniciamos un gran proyecto para que esa comunidad naciera y se desarrollara con los principios y valores de nuestra filosofía de vida.

¿Por qué una comunidad? Los beneficios de vivir en comunidad son muchos porque el contacto diario con otras personas en nuestro entorno nos trae numerosos aspectos positivos a nivel físico y mental. Decía Aristóteles que el hombre es un ser social por naturaleza. Cuando nos sentimos parte de una comunidad, se reafirma nuestra existencia.

A partir de 2022 conocerás más de este nuevo proyecto creado para hacer una verdadera comunidad y estar conectados sin importar el lugar del país donde estés.

Este proyecto lo desarrollamos con base en la comunidad formada por muchos de ustedes a través de mi cuenta en Telegram, cuando publiqué un video en Youtube donde revelé mi número de teléfono. Hicimos una linda comunidad llamada Golden Family en donde tenía un acercamiento constante con todos los integrantes.

Pero como ha pasado con otras redes sociales, a veces se formaba una linda comunidad y por cuestiones que no podíamos controlar pasaba de moda y la cerraban. Por eso, hablando con mi socio decidimos formar una comunidad en un lugar donde pudiéramos cuidarla y hacerla crecer sin temor a que la cierren. Es así como nace el nuevo proyecto que lanzaremos, una red en donde se encuentren personas con intereses comunes y se sientan parte de una gran comunidad.

Durante 2020 trabajamos muy duro visitando numerosas empresas operadoras y viendo los beneficios que nos daban para sustentar la comunidad que queríamos crear, fuera de las redes sociales tradicionales Facebook, Instagram o WhatsApp. Para entender esto, tienes que saber qué es una OMV. ¡A mí, hablar de esto me apasiona!

Una OMV es una "Operadora Móvil Virtual" y se trata de compañías de telefonía móvil que no tienen ninguna concesión de espectro de frecuencia. Al no tener una red propia (que costaría millones de dólares), se las alquilamos a otras operadoras. Por ejemplo, las grandes operadoras telefónicas tienen su propia infraestructura de red. Las OMV alquilan esa red a las grandes operadoras. Mi socio Santi y yo decidimos desde el 2019 trabajar juntos y fue en el año 2021 que firmamos una sociedad para poner en marcha nuestro proyecto de Comunidad.

No ha sido un camino fácil, era una industria completamente desconocida para mí. Al principio, recuerdo haber estudiado un informe de más de seiscientas páginas con un sinfín de términos nuevos para mí. Me apasionaba tanto que al principio del 2021 me la pasaba en los vuelos leyendo y leyendo temas de telecomunicaciones y sobre el desarrollo de las OMVs en México, Latinoamérica y el mundo. Los primeros meses de negociaciones en busca de nuestra operadora ideal me sentaba en las juntas con importantísimos CEO de las empresas y después de esas reuniones sentía ¡que no sabía nada!, que no era suficiente todo lo que había leído sobre la nueva industria a la que estaba entrando. Pero cuando hablaba de nuestra marca, ahí sí atrapaba las miradas de quienes se sentaban en esas grandes oficinas para escucharme y enamorarse de nuestro proyecto.

Todo el año estuvimos Santi y yo trabajando muy duro para encontrar a quien sería nuestra operadora de todos los servicios que queríamos ofrecer, afortunadamente llegamos a la empresa número uno de México, FreedomPop. A partir de ahí comenzaron meses y meses de trabajo con su equipo y el nuestro para crear una nueva OMV en México, una gran comunidad que lanzaremos en el 2022 y que se llama Wemo.

Tengo que agradecer a Santi, mi socio, que desde que lo conocí me dijo, "vamos a trabajar juntos", como si fuera una advertencia, y lo cumplió. Años más tarde, firmamos una sociedad para crear empresas que ayuden a tener una mejor sociedad y hacer un mejor país. Ambos estamos profundamente enamorados del país donde nacimos y las oportunidades que se nos han presentado.

TWEETS CON MAGIA

Es común que la gente con resentimiento en su corazón prefiera alejarse de la gente brillante o exitosa. Date cuenta a quién tienes cerca y quién se aleja de ti.

Recuerda que cuando hablas mal de una persona, quedas peor tú que de quien hablas. Aprende a no hablar mal de nadie porque terminarás solo y nadie confiará en ti. Es un punto importante para saber con quién convivir sanamente.

Si alguien ama más tus imperfecciones que tus virtudes, quizá ¡es la persona correcta con la que tienes que estar!

Es difícil llegar a ser "quien quieres ser". Se sufre mucho si hoy no estás FELIZ con quien eres. En el momento en que te aceptas y te amas como eres en este instante, verás que tendrá un gran significado la palabra VIVIR.

A ver. Esto es muy sencillo. Tu vida, lo que tienes o no tienes, lo que lograste y lo que no, tiene que ver con las decisiones que tomaste, ya está hecho. Justificarte de lo que no lograste, está claro, es UNA MALA DECISIÓN.

El resentimiento es el cáncer del alma. Y al igual que al cuerpo, con el tiempo te enferma. Aprende a soltar, olvidar y sanar.

La gente que te critica es la que más le gustaría que tú estuvieras cerca de ellos.

En la vida hay un ANTES y un DESPUÉS de vivir con tu familia. Tuve la oportunidad de salir muy temprano de casa y fue una de las mejores experiencias que marcaron mi vida.

La gente inteligente sabe vivir simple, disfruta lo básico. La gente tonta tiende a complicarlo todo, lleva una vida compleja, con dudas, incertidumbres, problemas.

Qué maravilla encontrar a gente que literalmente no necesita nada y se siente feliz. Otras personas SIEMPRE están en busca de algo para sentirse felices. Dos tipos de personas ¿de cuál eres tú?

Hay gente que piensa que mientras más *bluff* la adorna, es más interesante. Pero entre más atención le pongas a tu apariencia, menos le darás a tu PERSONALIDAD. Y una persona sin personalidad es un MUEBLE.

En el instante que detecto que una persona tiene malicia o resentimiento en su vida... ¡me alejo de inmediato! Por eso toda la gente que me rodea vibra igual que yo y me contagio de su Alegría, Positividad y Risas... amo reír y cantar con mi gente todo el día.

La envidia es uno de los sentimientos más tóxicos que puede tener un ser humano. Si tienes una amiga o conocido que envidia la vida o las cosas de los demás, OJO, es un indicativo para alejarte de esa persona. Es tóxico y contagioso ese sentimiento.

Puedo ver una y mil veces más #MeetJoeBlack y lloro como si fuera la primera vez. Es mi película favorita, es la visión de mi vida. Y amo llorar tanto y darme cuenta que soy sensible y no un mueble más de los que caminan por las calles.

¡SÉ PARTE DE NUESTRA GRAN COMUNIDAD!

UNA COMUNIDAD ES UNA RED DE APOYO

El acompañamiento psicológico nos permite adentrarnos en lo más profundo de nuestro ser y desempolvar las habitaciones y espacios emocionales donde necesitamos alumbrar para comenzar a trabajar. Sólo podemos trabajar sobre lo que es visible.

El espacio terapéutico es un lugar donde se acompaña al otro en prevención, promoción y/o intervención orientada a su bienestar. Como terapeutas, nos adentramos en este profundo viaje inteligente y valiente del otro.

Al abrir y confiar nuestros temas más íntimos en un espacio libre de juicio, nos sentimos liberados y contenidos, listos para realizar cambios significativos en nuestra vida que rompan con nuestros patrones pasados limitantes que nos impiden avanzar.

Sé que no es fácil acceder a un acompañamiento. Necesitamos tiempo e inversión económica, y es más complejo en estos momentos por la pandemia. Sin embargo, tener identificada nuestra red de apoyo para no atravesar solos nuestros procesos, nos aligera el camino. Es importante identificar a las personas con las cuales existe un vínculo íntimo, real, y sobre todo, sentir la confianza de compartir nuestras ideas y emociones libremente con los otros.

Cuando eres agradecido, cuando vives al máximo y además compartes con los demás lo que la vida te regala... SIEMPRE recibirás bendiciones de ella.

A veces la gente dice que no es amable porque la vida la ha tratado mal. Pero no se da cuenta de que la vida la trata mal ¡porque no es una persona amable! ¡clic!

Hay gente que quiero, pero sufre mucho porque le va mal en la vida, cuando lo único que les falta, según creo, es CREATIVIDAD. La creatividad es una herramienta PODEROSÍSIMA para el éxito personal y profesional. Acostúmbrate diariamente a CREAR y no sólo a REPRODUCIR lo que otros crean.

Grábatelo: si aceptas realmente que lo que pensamos tiene efectos TANGIBLES en nuestra vida, JAMÁS dejaríamos que llegaran a nuestra cabeza pensamientos o sentimientos negativos. ¡SÉ SELECTIVO! ¡SÉ SELECTIVO! ¡SÉ SELECTIVO CON LO QUE PIENSAS Y LO QUE SIENTES!

Toda mi vida he hecho deporte. Siempre he sabido que cuando estás MÁS PENDIENTE de tu competidor y sus movimientos, menos trabajas en lo TUYO. Recuerda que siempre estarás ATRÁS si sólo ves la espalda del trabajo de los demás. El campeón siempre compite consigo mismo.

Un campeón SIEMPRE, ABSOLUTAMENTE SIEMPRE, en el fondo de su corazón SABE que va a ganar.

El que es FELIZ es feliz en cualquier circunstancia. La decisión de ser FELIZ es TUYA. Las circunstancias no deben decidir si empiezas tu día con extrema felicidad o lo desperdicias con actitud de amargado y MALAGRADECIDO con la vida. ¿Cómo amaneces hoy?

La envidia al éxito de otra persona se llama incapacidad de ser exitoso. Es decir, cuando te da envidia el éxito de los demás, sólo confirmas tu incapacidad de talento e inteligencia.

Miles de pesos no reemplazan el talento cuando se trata de producir. De hecho, mucho dinero en manos de gente sin talento resulta en ¡un grandioso fracaso!

Antes de tomar mi siguiente avión quiero recordarles: *1)* No te tomes las cosas en serio, la vida no es seria, la vida es muy divertida, *2)* Haz lo posible por no meterte en la vida de los demás, entre menos lo hagas, más cosas buenas ocurrirán en la tuya, *3)* Si tu objetivo no es divertirte cada día, estás usando un lugar que no te corresponde, *4)* Usa lo menos posible las redes sociales y *5)* Pon atención cuando la gente hable.

No deposites TODA tu felicidad en una sola cosa: una persona, un trabajo, una actividad, etcétera. Deposita esa felicidad en cinco cosas o más, así tendrás siempre una motivación para sonreír.

Mi prioridad es exactamente proporcional a la prioridad que soy para ti (aplica para relaciones, empresas, amistades o negocios).

Si te sientes frustrado por alguien, algo o alguna situación... prueba haciendo completamente lo contrario a lo que te llevó a ese estado, tal vez ahí puedas encontrar de nuevo el éxito.

CUERPO

"Si cada día
trabajas
un poco en algo,
al final tienes
algo enorme."

KENETH GOLDSMITH

LA GRANDEZA DE NUESTRO CUERPO

Es muy importante tener consciencia de nuestro cuerpo. Un cuerpo que involucra construcciones inimaginables. Un mapa cargado de experiencias emocionales, sociales, culturales, físicas, etcétera. Una estampa aguda que también refleja sin dudas nuestro mundo interno. Un cuerpo que nos diferencia de los demás y nos hace únicos e irrepetibles. Por eso y más, debemos convencernos de que nuestro cuerpo es vital para que la vida que deseamos funcione.

Para los budistas, el cuerpo es el templo donde anida el alma. Con este concepto trasciende la creencia de que no sólo es físico y estético, también tiene en su interior una esencia que nunca muere; no debemos verlo sólo en su aspecto exterior. Como el cuerpo físico que es (nuestro templo), debemos cuidarlo porque está íntimamente vinculado con nuestro mundo emocional y espiritual.

El cuerpo y la mente interaccionan constantemente. El poder de la mente sobre el cuerpo es extraordinario. Reconocer los efectos positivos o negativos que nuestro estado anímico-emocional provoca en nuestro cuerpo, es de gran importancia, por lo tanto, no podemos aislar el cuidado sólo a uno de estos aspectos, pues están íntimamente relacionados. Sólo cuando comenzamos a ver que existe esa relación podremos ver todas sus implicaciones profundas y será más fácil trabajar en ello. Respuestas inconscientes, miedos, traumas, heridas emocionales, etcétera, se ven reflejados en señales a través de nuestro cuerpo y su capacidad de regularse, de sanar o enfermar.

El miedo, por ejemplo, debilita nuestro sistema inmunológico. Nuestro cuerpo posee una inteligencia infinita y nos regala los medios necesarios para que no nos dejemos afectar por amenazas emocionales o físicas.

La mente y el cuerpo están integrados, son un todo, y de ahí su conexión psicosomática (condición en la que los síntomas físicos se ven afectados por factores emocionales). Negar esta conexión significa ignorar la oportunidad de sanar a través de nuestro cuerpo y de su debido cuidado.

Por eso es de gran importancia cuidar y atender los diferentes espacios de nuestro ser, pues están fuertemente vinculados entre sí. El cuerpo se atiende con una alimentación consciente y un ejercicio constante. El ejercicio como medicina natural ayuda a regular y equilibrar las experiencias complejas que enfrentamos en la vida.

Un estudio ha demostrado que las personas que corren entre seis y ocho kilómetros a la semana reducen la probabilidad de morir en 45% y de morir específicamente por un infarto en 30 por ciento.

TWEETS CON MAGIA

Las redes sociales generan grupos de personas donde el gran propósito es "ser famoso". La gente olvida que el TRABAJO (y duro) es el propósito del éxito, y el éxito te lleva a darte a conocer. La fama es PELIGROSA, puede llenar el vacío y la inseguridad de una persona débil.

Enojarte con una persona es reconocer su capacidad superior sobre ti. Las personas que no valen la pena jamás podrán influir sobre tu estado de ánimo.

No le des muchas vueltas, no busques respuestas en tantas religiones, no necesitas meditar en el Tíbet, no busques entre tantos y tantos libros de energía: Estás vivo para disfrutar la vida y ser extremadamente feliz, ¡PUNTO!

Definitivamente soy un hombre de acciones, no de palabras. Si te quiero te lo demostraré con acciones, si no te quiero ni siquiera te hablaré. No me gusta la gente que dice tantas cosas y no hace nada. Desconfío de la gente que de entrada habla mucho.

Tengo la fortuna de no necesitar complacer la expectativa de nadie. Mi más grande crítico personal y artístico está dentro de mí.

Una persona FELIZ es una persona SANA. Cuando tenemos enfermedades, dolores o padecimientos, PRIMERO debemos ver qué está mal dentro de nosotros y nuestras EMOCIONES. La ENVIDIA y el RENCOR te dañan y terminan siendo una ENFERMEDAD FÍSICA.

Dios creó el universo, lo que conocemos y lo que no conocemos. Por lo tanto... si Dios creó todo, ¿no está en cada cosa que creó, incluyendo a los seres humanos? Creer en Dios es creer en nosotros. Creer en nosotros es honrar a Dios.

Aunque suene chistoso, cuando tienes TODO, no necesitas presumir nada. Cuando las personitas tienen MIEDO de perder algo (o a alguien) lo gritan para que todos sepan lo que tiene. Presumes lo que TEMES perder. Me fijo mucho en lo que presume la gente para saber cómo es.

Presto atención a esas personas que se dicen "espirituales", que andan con cuarzos y hablan de energía y "vibras". ¿No será que las respuestas a tantas interrogantes de la vida están en nuestro interior? A veces, buscar respuestas afuera habla de lo que no tenemos dentro.

Fallaste como hombre si con el tiempo no aprendiste a ser un caballero.

Estamos en un momento de la humanidad en que la gente busca el "reconocimiento instantáneo", falsamente las redes sociales fomentan esa terrible tendencia. El RECONOCIMIENTO viene después del TRABAJO DURO, PERSISTENTE y del TIEMPO... y a veces después de mucho tiempo.

No conozco a ningún ser humano que guste de criticar a los demás y que sea una persona increíblemente exitosa. Es simple: el éxito está muy lejos de quien habla mal de otros.

La televisión tendrá más fuerza CUANDO enamore a las nuevas generaciones con su contenido. La música es un elemento clave. Además, personalidades de la pantalla que vivan con la misma pasión tanto en el mundo digital como en la televisión apoyarán este resurgimiento.

EL CUERPO NOS HABLA, ¡MANOS A LA OBRA!

¡Lo sé, es difícil hacer ejercicio! Y es así como quiero iniciar este capítulo. No quiero que me veas como el típico instagramer o coach que vive de eso (de hecho no tengo el cuerpo perfecto), pero sí soy de los que disfrutan mucho entrenar, y sobre todo la sensación que provoca lograr mis objetivos.

El ejercicio no sólo me ha acompañado desde que tengo uso de razón; sé que a lo largo de mi vida el entrenamiento constante me ha dado, más que fortaleza física, una fortaleza emocional de la cual te pueden hablar muchos deportistas de alto rendimiento. Creo que mi carácter y personalidad están marcados por muchos años de entrenamiento y competencias.

Desde muy chiquito hago ejercicio, mis papás me inscribieron en diversas actividades para canalizar mi energía. Creo que es lo primero que hacen los papás con un hijo hiperactivo que se la vive trepándose en los árboles del jardín y escalando paredes para saltar a las casas de los vecinos. Recuerdo que desde que estaban chiquitas mis dos hermanas entrenaban gimnasia olímpica en un deportivo cercano a la casa donde vivíamos, en Monterrey. Yo era muy chiquito y cuando acompañaba a mi mamá por ellas, me llamaba mucho la atención la alberca de esponjas gigantes donde las y los gimnastas practicaban sus saltos. Desde ese momento llamó mucho mi atención ver cómo saltaban y daban vueltas en el aire; tenía seis o siete años y no pasó mucho tiempo para que mi madre supiera que estar en un gimnasio era una buena idea para mí y para que la casa no terminara destruida. Así fue mi infancia, iba al colegio y por las tardes me la pasaba todo el día entrenando, y la verdad era bastante bueno en gimnasia. Años más tarde competí a nivel nacional representando a Nuevo León. Hacer ejercicio era parte de mí; caerme y levantarme también lo era.

Desde niño mi personalidad fue impregnada con todo lo positivo que te puede dar el deporte de alto rendimiento, no era sólo un hobby, era parte de mi vida. Con los años empecé a realizar otros deportes como natación, tenis, patinaje y hasta esgrima. Pocos saben que en este último deporte llegué a ser uno de los mejores de Nuevo León; practicaba tarde y noche con un extraordinario entrenador cubano que en pocos años me llevó a ser de los mejores puntuados en mi región.

Cuando entré a preparatoria y con el trabajo que tenía en radio y televisión fue imposible entrenar con la intensidad que requería para competir, así que cambié mi deporte favorito (la esgrima) por el gimnasio.

El ejercicio siempre ha sido parte muy importante de mi vida, tanto, que cuando me fui a vivir a Argentina, una de las cláusulas que negocié con Disney fue que me pagaran el gimnasio que yo quisiera, y durante los diez años que trabajé en Disney Channel ¡todo podía faltar menos el ejercicio! En este capítulo no quiero convencerte de que hagas ejercicio, sólo te mostraré sus beneficios y lo importante que es ejercitarte para sentirte espectacular y ver resultados en tu vida personal y hasta profesional. Recuerda siempre: ¡El ejercicio activa los genes para hacernos jóvenes de nuevo a nivel celular!

Lo que todos sabemos…
¡pero nos hacemos de la vista gorda!

Así como es fundamental para nuestra salud alimentar nuestro cuerpo todos los días, es igual de importante ejercitarnos diariamente. El sedentarismo y sus problemas asociados, tanto físicos, metabólicos, la obesidad, etcétera, se han convertido en un problema de salud alarmante en gran parte de los países desarrollados.

Cuando viajo a los parques de Disney en Orlando o Los Angeles, aún me sorprende la cantidad de obesidad que hay en ese país, me da mucha tristeza ver a personas transportadas por carros especiales de un lugar a otro por su problema de obesidad. Quizá no debo ir tan lejos para saber que la obesidad no es un problema ajeno. En nuestro país, 70% de los mexicanos padece sobrepeso y casi una tercera parte sufre de obesidad. Los malos hábitos alimenticios, asociados con la falta de ejercicio, ocasionan 32% de las muertes en mujeres y 20% en hombres en México.

El ejercicio diario mejora nuestra forma física en general, eso se traduce en un buen cuerpo, lindo, tonificado y más "apetecible" para tu pareja. Más allá de eso (que sí es muy importante), realizar actividad física mejora la salud cardiovascular y proporciona potencia, fuerza, flexibilidad y coordinación. Te confieso que siempre me ha dado vueltas en la cabeza la idea de que vengo de una familia con problemas del corazón. Cuando era niño toda la familia vivía la angustia de la operación de mi abuelita (madre de mi mamá) a corazón abierto.

Ella tenía problemas de corazón desde hacía muchos años, y aunque salió bien de esa peligrosa operación, me di cuenta de que todos sus hijos, incluida mi mamá tenían algún tipo de problema de corazón. Mi padre ha superado ya varios infartos y una operación, y mi madre también fue operada a corazón abierto para cambiarle una válvula obstruida… ¿te das cuenta de las probabilidades? Sí, estar atento a mi corazón ha sido una de las prioridades en el cuidado de mi salud. Si algo he aprendido con estos años de ejercicio es que practicarlo frecuentemente previene la aparición de problemas cardiovasculares y ayuda a evitar factores de riesgo como diabetes, hipertensión y niveles lipídicos (colesterol y niveles de HDL, LDL y triglicéridos).

En los últimos años me he dado cuenta de que hacer ejercicio también ha sido fundamental para controlar mi estrés. Ustedes me conocen perfectamente, estoy de un lado para otro. Por las mañanas en televisión, en un programa en vivo durante cinco horas cada día; después "vuelo" casi literalmente para comer y llegar a tiempo a la radio, EXA FM. Después de eso empieza lo bueno: juntas y más juntas de los distintos negocios y emprendimientos que tengo… ¡Dios, a veces siento que no puedo más! Y justo cuando digo eso y quisiera irme a casa a descansar y echarme como foca en mi sillón para ver Netflix, en ese momento ¡voy al gimnasio!

Pensarás que estoy loco, y sí, lo confirmo, lo estoy, pero realizar ejercicio en esos momentos tan pesados me ayuda a soltar todo el estrés que genero durante el día. Mis músculos se relajan, dejo el celular a un lado y por unos minutos pienso en mí y en mi grandiosa maquinaria, que me lleva de un lado a otro. Para mí el ejercicio no es desgaste, es la gasolina que mi cuerpo necesita para seguir funcionando al nivel que lo necesito todos los días… Se lo merece, ¿no?

Realizar ejercicio frecuentemente previene muchas lesiones en el cuerpo. Mantener un tono muscular adecuado y saber de algunos buenos hábitos de postura evita dolencias y lesiones.

¡Derecha la flecha!

Una buena postura es mucho más que pararse derecho para verse mejor. De hecho, la gente que conoce de lenguaje corporal, como puede ser el reclutador de Recursos humanos de tu próximo trabajo, sabe perfectamente que tu cuerpo habla y lo hace mejor de lo que puedas decir tú o tu currículum. Al principio, sé que es algo que no pasa por tu cabeza, de hecho, ni yo lo tenía en cuenta antes de los dieciocho años. Creo que la primera vez que mi postura fue "un problema" se presentó cuando empecé a trabajar en Disney Channel.

Pocas veces he contado esta anécdota, pero creo que es importante porque marcó un antes y un después en mi vida si hablamos de este tema. Cuando entré a Disney Channel y me fui a vivir a Ciudad de México, cambió totalmente mi vida pues ¡dejaba el nido! Y sí, estaba emocionado, muy feliz de vivir en la capital y perseguir mis sueños trabajando en la empresa más grande de entretenimiento a nivel mundial. Pero quizá esos cambios fueron muy fuertes para mí. Vengo de un núcleo familiar muy unido, y esa era la primera vez que me despedía definitivamente de mi familia, yo sabía que no regresaría.

Cuando entré a trabajar en *Zapping Zone* teníamos un director de escena a quien le decíamos "Micho", él se encargaba de dirigirnos dentro del show. Yo no sabía que tenía una mala postura de adolescente o que caminaba mal hasta que me lo hizo notar en una de nuestras sesiones de ensayo antes de entrar en vivo al programa. Aunque no me lo explicó de la mejor forma, recuerdo que a partir de ese día empecé a darme cuenta de absolutamente todo lo que hacía con mi cuerpo; aquella ocasión no realicé el mejor programa, pues estaba más pendiente de cómo me paraba o cómo me movía o caminaba que del texto que debía decir. Esa noche me explotó la cabeza por tanta información de algo a lo que nunca había prestado atención.

Dedicándome a esto, y después de varios años de trabajar en la industria televisiva, creo que es básico y hasta fundamental saber cómo pararse o cómo comunicarse corporalmente frente a una cámara, incluso lo importante que es para la vida cotidiana. Estarás de acuerdo conmigo en que no es lo mismo que alguien se pare frente a ti con gran presencia, el pecho alzado y movimientos precisos que alguien encorvado, con la frente hacia abajo o sin mirarte a los ojos, ¡es totalmente distinto!

Más allá de "vernos bien", si tenemos una postura correcta y la mantenemos, nuestro cuerpo, ya sea en movimiento, quieto o sentado, nos ayudará a evitar dolores, lesiones y otros problemas graves de salud en el futuro. Para que puedas entender un poco sobre el tema, podemos dividirlo en dos tipos:

Postura dinámica: se refiere a cómo se sostiene nuestro cuerpo cuando estamos en movimiento, por ejemplo, cuando caminamos, corremos o nos agachamos para recoger alguna cosa.

Postura estática: se refiere a cuando el cuerpo no se mueve, cuando estamos sentados, de pie o durmiendo.

Lo ideal es mantener siempre una buena postura dinámica y estática. Justo en este momento estoy sentado correctamente en mi camerino de TV Azteca, en uno de mis tiempos libres y escribiendo este capítulo, mientras escucho música de piano.

Una clave importante que recomiendan muchos médicos es mantener una buena postura en la columna vertebral.

Recuerda, una mala postura afecta directamente a nuestra salud; considera lo siguiente si eres de las personas a quienes les gusta estar encorvados o agachados:

- Desalinea tu sistema musculoesquelético.
- Provoca dolores frecuentes en el cuello, los hombros y la espalda.
- Desgasta tu columna vertebral, la vuelve frágil, con tendencia a futuras lesiones.
- Disminuye tu flexibilidad.
- Afecta tus articulaciones y su movimiento.
- Dificulta la digestión.
- Dificulta tu correcta respiración.

Desde hoy puedes mejorar tu postura tomando en cuenta los siguientes puntos:

- Sé consciente de tu correcta postura mientras haces tus actividades diarias, como ver tu serie favorita, cuando limpias tu recámara, o cuando caminas.
- Mantente activo, cualquier tipo de ejercicio ayuda a mejorar tu postura. Los ejercicios que más recomiendan son: yoga, tai chi y aquellos en los cuales la consciencia se centra en el cuerpo.
- Mantén un peso saludable, el sobrepeso debilita los músculos del abdomen. Esto puede dañar severamente tu postura.
- Usa zapatos cómodos; por ejemplo, los tacones altos afectan tu equilibrio y muchas veces obligan a quienes los usan a pararse de manera diferente, esto puede aumentar la presión sobre algunos músculos y dañar la postura.

- Asegúrate de que los lugares donde trabajas estén a una altura cómoda para ti, por ejemplo si estás haciendo trabajo o tarea en una computadora, preparando tu comida o sentado mientras lees este libro.

Ahora que ya sabes algunos tips para tener una postura correcta ¡ponlos en práctica!

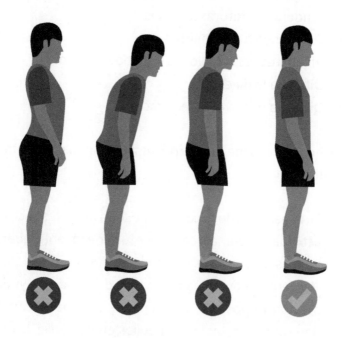

Hablemos de las "hormonas de la felicidad", ¡me encantan!

Seguramente has escuchado hablar de las endorfinas, también conocidas como las "hormonas de la felicidad". Se ha comprobado científicamente que después de realizar actividad física, aumentan sus niveles en el organismo, produciendo una sensación de bienestar y energía: ¡De felicidad! Tener esa sensación durante el día nos ayuda enormemente a enfrentar de mejor manera nuestras actividades diarias.

Se ha demostrado que el enamoramiento y el orgasmo producen un aumento significativo en la secreción de endorfinas. Tener un alto nivel de ellas es muy positivo para la "felicidad" de las personas. Las endorfinas son capaces de inhibir las fibras nerviosas que transmiten dolor, además actúan a nivel cerebral mejorando el estado de ánimo, producen un efecto antidepresivo y disminuyen la ansiedad.

Más adelante les hablaré de los últimos estudios sobre los secretos de vivir más años (la longevidad) pues entre ellos se encuentran mencionadas las endorfinas en numerosos estudios. Algunos médicos señalan que retrasan el proceso de envejecimiento, algo nada difícil de comprobar. Seguro has visto que las personas con una actitud negativa o que se enojan con frecuencia se ven más grandes. Al contrario, las personas alegres, amables y que comparten su felicidad se ven más jóvenes… ¡Okey, creo que empiezo a entender muchas cosas! ☺.

En pocas palabras las endorfinas:

- Promueven la calma.
- Crean un estado de bienestar.
- Mejoran el humor.
- Reducen el dolor.
- Potencian el sistema inmune.
- Reducen la presión sanguínea.
- Contrarrestan los niveles elevados de adrenalina asociados con la ansiedad.

¡*Shot* de endorfinas para todos!

Cuando investigué más sobre la asociación entre las endorfinas y el envejecimiento, me di cuenta de lo importante que es esa dosis de felicidad diaria para sentirte y verte bien. Con el paso de los años aprendí que rodearme de las personas correctas tenía un efecto positivo en mí y lo veía reflejado en todos los aspectos de mi vida. Empecé a poner un cuidado muy particular al elegir a las personas que me acompañarían en mi vida personal y profesional.

Es posible que en estas líneas te detengas a pensar quiénes son esas personas que están a tu lado y, créeme, ¡está muy bien hacerlo! Porque eres la persona promedio de la gente que te rodea, seguramente lo habías escuchado y es verdad. Rodearte de las personas correctas no es algo casual, es algo consciente que debes poner en práctica. Al principio me costó trabajo depurar esas personas que estaban ahí por inercia, porque ya estaban desde hace años, pero cuando hice una labor de depuración que, sí, puede ser dolorosa, los resultados siempre fueron positivos: tú confía.

Te voy a confesar algo: una de las características que tienen todas las personas que dejo entrar a mi vida es que son hombres y mujeres felices, apasionados de la vida, alegres y, como lo he dicho en redes sociales, "de sonrisa fácil". Ahí, en esas personas, puedes ver las endorfinas recorrer su cuerpo. Con esto quiero ser muy sincero, no es que todos ellos sean felices todo el tiempo, incluso yo paso por momentos o días que no son los más felices, pero eso es lo que nos hace humanos: navegamos por diferentes emociones, pero jamás me detengo por un periodo de emociones negativas o tóxicas, es algo muy parecido a navegar en el mar.

Hay varias actividades, y está comprobado, que aumentan tus niveles de endorfinas en el cuerpo, toma nota:

- La meditación
- Un masaje
- La risa
- La actividad física intensa

También algunos estudios recomiendan alimentos que ayudan a que los niveles de endorfinas se eleven, por ejemplo:

- Alimentos ricos en proteínas
- Huevos, pollo, pavo, pescado
- Suplementos del aminoácido fenilalanina

TWEETS CON MAGIA

Admiro profundamente a los músicos. Respeto mucho más a un músico que a un político.

La Alegría y la Gratitud son los antioxidantes más PODEROSOS. Por eso ves a personas amargadas o envidiosas envejecer rápidamente. La selección natural trabaja visiblemente en ese tipo de personas. La vida es BONDADOSA con quien quiere vivirla al máximo.

Creo que el sentido del humor es propio de una mente creativa e inteligente. Por eso no me junto con gente seria, me aburro.

Si te quejas constantemente, algo estás haciendo mal en tu vida. Si no te quejas y disfrutas cada día, algo muy bueno estás haciendo con tu existencia.

Cuenta la leyenda que una persona ambiciosa, sin valores, SIEMPRE se pierde y se queda sola, siempre opacada por el brillo de los demás.

Sabes que la vida te premia cuando te aleja de personas tóxicas aunque pagues una cuota. Para quien te traiciona, su acción es una maldición que lo perseguirá durante toda su vida. Para ti, una bendición. Quédate con quien te ame por lo que eres, no por lo que tienes.

Nunca es tarde para arrepentirte de los errores cometidos. Es preferible reconocer nuestros errores y pedir perdón para REVERTIR EL KARMA que vivir siempre con ellos y ver que tus días se llenan de noches amargas y una vida obscura.

Como una persona, una plática puede trasformar tu día o tu vida. Siempre que estés rodeado de las personas correctas.

La vida se maneja en modo MANUAL, no en AUTOMÁTICO. Las cosas que quieres jamás pasarán si diriges tu vida en modo AUTOMÁTICO. Toma el volante y ve a donde TÚ QUIERES.

Nunca pongas atención ni aceptes críticas de quienes no son valientes. El mundo está lleno de personas miedosas e inseguras que sólo se dedican a criticar sin ser audaces.

Hoy en día parece tener más importancia compartir momentos con MILES de personas en redes que buenos momentos con la gente cercana que realmente te quiere. Y lo más triste es que te hacen más feliz los LIKES, que un abrazo sincero.

Quien piensa que el AMOR es para toda la vida ¡vio toda la saga de películas de Disney!

Nada ni nadie puede asegurarte el amor de una persona "para siempre", el AMOR se expresa DÍA CON DÍA, así durante una semana, un mes, un año o muchos más.

La vida VUELA. Por eso debe ser muy tonta la persona que pierde el tiempo ENOJADA o AMARGADA.

LAS EMOCIONES Y EL EJERCICIO

Sólo para confirmar lo que escribió mi querido humanito maravilloso quiero decirte que practicar ejercicio no sólo ayuda a prevenir enfermedades físicas, mejorar nuestro metabolismo y fortalecer nuestros músculos, también trae beneficios a nuestra salud mental.

Hoy la ciencia nos permite comprender que el ejercicio aumenta la producción y liberación de endorfinas. Sus efectos pueden aliviar el dolor y dar sensación de bienestar, haciéndonos sentir más productivos. Son sustancias que produce nuestro cerebro y generan placer. Estas endorfinas son liberadas en cualquier tipo de ejercicio; además, su liberación reduce la captación del dolor, mientras que su ausencia puede producir estados depresivos o desequilibrio emocional.

El ejercicio no sólo reduce la ansiedad, también los efectos de vulnerabilidad emocional ante eventos fuertes o de peligro y limita la presencia del estrés ayudando a nuestra memoria, a nuestro proceso cognitivo y a relajarnos. El ejercicio nos ayuda a surfear las olas emocionales que podemos experimentar a través de pozos depresivos o crisis de ansiedad; a su vez, también nos auxilia a regular nuestro ciclo de sueño conciliándolo mejor y manteniéndolo estable. La práctica del ejercicio sirve como trabajo preventivo para evitar el desarrollo de trastornos de la personalidad que afecten nuestra salud y estabilidad emocional.

TWEETS CON MAGIA

Una de las características en las que me fijo para tener un nuevo amigo es si habla o no de otras personas. Si habla mal de otros o critica siempre lo que hacen nunca hago clic con esa persona. Elijo muy bien con quién rodearme.

Todos los días dale información a tu cuerpo sobre cómo debe funcionar; ya leíste mucho acerca del poder de la mente, bueno, ahora ¡ponlo en práctica! Si sales de casa pensando que estás mal, viejo, cansado… ¿Qué crees? ¡Así vas a estar! Es tu decisión.

Decir SIEMPRE "estuve ocupado" es una excusa para decirle a alguien que no es tu prioridad. Cuando tienes prioridades claras y no eres Bill Gates, SIEMPRE tendrás tiempo para ver a quien realmente quieres.

¿Te das cuenta de que hay personas a quienes no les acomoda nada? Una persona que se queja…. ¡siempre se va a quejar! Por eso en mi grupo más cercano de amigos y profesionales no me rodeo de gente que se queja… siempre estoy con gente que actúa y tiene el poder de cambiar las cosas.

A darle con todo a la semana, es un buen día para pensar en tus más grandes sueños y empezar a trabajar en ellos desde hoy… al final de la semana estarás más cerca de lograrlos. Sin esfuerzo ni trabajo NUNCA HABRÁ RECOMPENSA.

La incapacidad de comunicar tus ideas y emociones indica que tendrás un FUTURO complicado en tu vida adulta. Quien no sabe comunicarse o poner en palabras lo que siente tiene MUCHAS dificultades para lograr el éxito.

Afortunadamente soy de esas personas que prefieren tomarse el tiempo de hablar en persona con sus amigos y no enterarse de sus vidas en redes sociales. Las redes sociales las uso sólo para trabajar.... ¡prefiero vivir la vida real de la gente que amo!

Las personas que observan más de lo que hablan son las que me dicen mucho más. Por eso me caen tan bien las personas observadoras.

Mucha gente me dice, "nunca te he visto enojado". La realidad es que no discuto con quien no me interesa. Discuto con amigos, familia y gente de mi equipo. Discutir con gente negativa es perder el tiempo, y el tiempo es lo más valioso que tengo.

Es más fácil aprender a hablar que aprender a callarse.

El "distanciamiento social" que vivimos tendrá como consecuencia un REAL "distanciamiento social". Hay que estar preparados socialmente para volver a tejer lazos fuertes, sinceros y fraternales en generaciones futuras.

Creo que una de las mejores sensaciones de mi vida es sentir que NO NECESITO MÁS SI LO TENGO TODO. Y no hablo de cosas materiales. Hay gente que toda su vida persigue algo. Se la pasa como el perrito persiguiendo su propia cola.

Tengo una pésima memoria, por eso soy TAN FELIZ.

La enfermedad MÁS CONTAGIOSA es el PESIMISMO. Por eso, de las personas que lo tienen, mejor aplico una sana distancia, que no se me acerquen.

HABLEMOS DEL MAL DEL SIGLO: "EL ESTRÉS"

La gente que me conoce, mis amigos y mis equipos de trabajo saben que es muy difícil verme estresado o que alguna situación intensa cambie mi tranquilidad o mi estado de ánimo. Sí, tal vez soy un espécimen raro. Seré sincero, no era así antes, lo aprendí con el tiempo, hay cosas que no puedo cambiar y no puedo hacer nada para modificarlas, así que "chill". Creo que mi profesión en televisión y, sobre todo, conduciendo un programa matutino en vivo como *Venga la alegría* me ha permitido desarrollar el talento de comprender que, pase lo que pase, siempre debo tener una buena cara y hasta una sonrisa, y mira que en un programa en vivo pasan mil y un cosas detrás de cámaras; a pesar de todo debes conservar la calma y tener buena actitud frente al público.

Aunque no lo creas, hasta que lo experimentas lo entiendes a la perfección y comprendes cómo es que las situaciones que antes te estresaban ahora no influyen en ti en absoluto. Una cosa tan simple que antes me preocupaba y hasta me estresaba era el temor de perder un vuelo cuando iba tarde al aeropuerto, pues como sabes, todo el día estoy corriendo de un lado a otro. Hoy me doy cuenta de que esa misma situación no me afecta, ya que muchas veces, por la logística del día, tengo muy poco tiempo antes de la salida de mi vuelo, y si voy en el auto rumbo al aeropuerto, en lugar de estresarme como antes, ahora me pongo audífonos y escucho música o saco un libro y me pongo a leer. ¿Perderé el vuelo? No sé, lo mejor es que ya no me importa, si lo pierdo, ni modo, y si lo tomo, ¡mejor! Hay cosas que no puedo cambiar y hoy tengo la capacidad de darme cuenta de que todo lo puedo resolver.

Te voy a decir algo y quiero que lo leas dos o tres veces: *el estrés mata a las personas.* Y si no te mata temprano, te enferma poco a poco (hasta que te mata). Hoy en día sabemos que este mal afecta ——según estudios—— a más de 60% de la población mundial, y de ese porcentaje 35% ha presentado un estado de ánimo cercano a la depresión. ¿Has sentido eso?

Este estado emocional afecta tu calidad de descanso, tu estado de ánimo, tu rendimiento y hasta tus relaciones familiares y laborales.

En este libro, Andy y yo hablamos de los ajustes que tienes que hacer para sentirte sano, pleno y emocionalmente estable y experimentar una verdadera felicidad en tu vida. Por eso es necesario dedicar un capítulo puntual y muy importante al estrés. Hay algo muy cierto que he aprendido, y es que "el desequilibrio de nuestro cuerpo nos hace envejecer y enfermar". ¿Ahora entiendes por qué me veo así? Casi siempre me hacen la misma pregunta en redes sociales o cuando me ven la calle, y que tal vez me harías tú: "¿Qué haces para verte así?" La respuesta está en estas páginas, sé paciente y te revelaré el secreto.

El estrés: una enfermedad

El estrés es una respuesta natural, sana, que nos sirve para sobrevivir. Es la forma en que responde nuestro sistema nervioso ante alguna amenaza para huir. Pero nuestro cuerpo no puede sostener esta alarma siempre, por lo que el sistema nervioso hace un gran esfuerzo por regresar a su estado natural.

Todo esto ocurre gracias a la recolección de estímulos que percibimos y la lectura que les damos, de esto depende que nuestro cuerpo responda de cierta forma o no lo haga, tanto física como emocionalmente. Según respondamos o reaccionemos serán los efectos positivos o negativos del estrés.

A veces pensamos que los detonantes son los culpables (exceso de trabajo, labores de la casa, tareas, exigencias, etcétera), pero éstos son sólo una pantalla de proyección donde vertemos nuestras emociones reprimidas. Estas emociones son las que nos hacen altamente vulnerables al estrés extremo. En realidad, el verdadero origen del estrés es interior. La predisposición que tenemos a responder con miedo (por ejemplo), depende de la cantidad del miedo ya presente en nosotros, sólo lo detona un estímulo externo.

Para una persona miedosa, el mundo es un lugar aterrador. Para una persona enojada, el mundo es caos y conflicto. Vemos lo que somos y lo que cargamos. El estrés es el resultado de la presión acumulada y las emociones reprimidas. La presión y el estrés están buscando alivio. Estas emociones bloqueadas surgen de nuevo en el sistema nervioso causando cambios que provocan enfermedades.

El estrés es la reacción emocional a un estímulo externo, no es la causa, sino el detonante. A veces nos enfocamos sólo en aliviar los síntomas del estrés pero no ahondamos en la verdadera causa. Existen técnicas para reducir el estrés que nos ayudan a disminuir el síntoma inmediato, sin embargo, siempre debemos ser conscientes de que el origen es mucho más profundo y se requiere de un trabajo interno significativo para desmenuzar las verdaderas causas de su origen. Te comparto algunas técnicas de relajación para reducir el estrés inmediato:

- Respiraciones profundas: siéntate o acuéstate, coloca una mano sobre tu estómago y la otra en el corazón. Inhala despacio hasta que sientas que se eleva tu estómago. Exhala despacio vaciando todo el aire de tu estómago.
- Meditación: colócate en una posición cómoda. Cierra tus ojos y comienza a inhalar y exhalar profundo. Lentamente, enfocando la atención en tu respiración. No te exijas concentración absoluta, es muy difícil, simplemente fluye poniendo tu atención en el sonido que produce tu respiración. Cuando aparezcan pensamientos, obsérvalos y déjalos ir, vuelve tu atención a la respiración.
- Relajación progresiva: en una posición cómoda, cierra tus ojos y concéntrate en tensar o apretar los músculos de tu cuerpo por algunos segundos, luego suelta y relaja. Puedes empezar por la parte alta de tu cuerpo. Tensa los músculos de tu rostro y relájalos. Así, ve descendiendo a través de tu cuerpo.
- Haz ejercicio: como ya lo sabes, el ejercicio nos ayuda a liberar el estrés en cierta medida. La práctica de yoga espacialmente nos ayuda mucho a disminuir la carga de tensión y emoción acumuladas.

En busca de mi verdadero equilibrio

Cuando leo un nuevo libro me encanta tener mi marcador a un lado, te lo recomiendo; a medida que leo voy marcando mis frases favoritas o las líneas que me dejan un gran aprendizaje. Te voy a pedir que subrayes esta palabra: EQUILIBRIO. Si ya te conté que el desequilibrio te hace envejecer o hasta enfermar, es momento de echarte un clavado dentro de ti, a través de tu consciencia, para que escuches a tu cuerpo. Sí, no estoy loco, si eres consciente y haces silencio, tu cuerpo te habla. Te voy a decir algo, tu cuerpo siempre buscará por naturaleza el equilibrio y el bienestar.

Quiero que aprendas este nuevo concepto: homeóstasis. ¿Habías escuchado antes esta palabra? Prácticamente, la homeóstasis es la propiedad de la que dependen nuestras vidas, ¿suena muy fuerte no? Y te sorprenderás más si sigues leyendo. Para que un nuevo ser sobreviva, todo tiene que funcionar correctamente: la temperatura, la acidez, la concentración de oxígeno, entre otros niveles; todo, absolutamente todo tiene que estar controlado con absoluta precisión.

Esto no cambia con los años, tenemos que mantener las condiciones precisas en cada una de las células que nos componen, eso es la homeóstasis, y nuestra vida depende de ello.

Si estamos hablando del estrés, debo decirte que es mejor identificarlo que darnos cuenta de las consecuencias que causa en nuestro cuerpo más tarde: múltiples enfermedades, ansiedad, toxinas, mala alimentación, falta de sueño, entre muchos otros males.

En los últimos años hemos escuchado tanto del estrés que quizá en este momento pienses que es normal, pero normal en nuestra actual sociedad no significa bueno. Lo peor de todo es que la gran mayoría no le da importancia hasta que es demasiado tarde, y quizás el cortisol ya ha generado daños irreversibles.

El cortisol es la hormona que combate el estrés y ayuda a mantener saludable (o por lo menos lo intenta) el metabolismo y el sistema inmunológico. Esta hormona desempeña un papel importante en la respuesta del cuerpo al estrés agudo o crónico. Según la neuróloga Dalia Lorenzo, MD del Miami Neuroscience Intitute, los altos niveles continuos de cortisol pueden causar que la salud de una persona comience a deteriorarse en distintos niveles. Desde 2020, cuando toda la humanidad supo del Covid-19, el cortisol afectó a millones y millones de personas en su salud diaria. Aquellos que no habían experimentado estrés agudo, llegaron a sentirlo. A nivel global todos pasamos por momentos en los que nuestro cuerpo sintió el estrés causado por la incertidumbre, por nuestro desequilibrio financiero o por una lista de causas que desencadenaron la pandemia.

Los altos niveles de cortisol pueden provocar problemas de salud al suprimir al sistema inmunológico, alterando el metabolismo y generando mayores posibilidades de padecer diabetes, fatiga crónica y aumento de peso. Por su parte, el cerebro cumple la función de reducir automáticamente la producción de cortisol una vez que detecta por las mañanas el alto nivel en una persona normal y saludable.

Ojo, la hormona es beneficiosa e importante para el metabolismo de los alimentos y la función inmunológica; es una de las principales hormonas que ejercen una respuesta del cuerpo ante el estrés agudo y crónico. Pero los niveles crónicamente altos de cortisol también tienen sus efectos negativos en la función que cumple el cerebro y en el estado de humor. Pero hay algo peor: las personas con depresión o síndrome de estrés postraumático demuestran una capacidad deficiente para apagar la producción de cortisol, causando un círculo vicioso. Así que...

¡Bájale al drama!

Una vez que eres consciente de lo peligroso que es el estrés en nuestro cuerpo, resulta necesario trabajar en los factores que nos hacen bien para bajarle varias rayitas.

Este libro te ayudará a ajustar los principales pilares que te permitirán alcanzar una vida saludable, plena y feliz. En los capítulos posteriores detallaré cada uno de ellos, por el momento te voy a dar unos tips sencillos para bajar los niveles de cortisol.

Los médicos coinciden en que el ejercicio moderado aumenta inicialmente los niveles de cortisol, pero luego contribuye en el bajón nocturno de la hormona, así que es una buena manera de reforzar el patrón natural de altas y bajas en su producción. Idealmente, el ejercicio se recomienda por las mañanas. Quienes practican meditación también demuestran una mejor capacidad para reducir rápidamente los niveles de cortisol.

Las técnicas del manejo del estrés y las relaciones armoniosas también son importantes para prevenir los niveles crónicamente elevados.

Estudios recientes hallaron una relación entre el cortisol y la comida. Se sabe que consumir alimentos altos en azúcar aumenta sus niveles, esto causa otro círculo vicioso que contribuye en generar altos niveles.

Los médicos recomiendan reducir el consumo de alimentos de baja calidad que sean altos en azúcar y grasa. La deshidratación también puede aumentar los niveles de cortisol y se debe evitar. Debemos consumir más alimentos de alta calidad que contengan fibra y ácidos grasos omega.

Ojo para los que consumen chocolate oscuro: se ha demostrado que éste puede reducir los niveles de cortisol.

El descanso, ¡a dormir!

El cortisol, como otras hormonas, tales como la del crecimiento, está muy vinculado con el sueño. Muchas personas se sorprenden cuando les revelo la cantidad de horas que duermo, creen que soy una persona que duerme sólo cuatro o cinco horas por día por la cantidad de actividades que hago diariamente. Pero te sorprenderás al revelar lo prioritario que es el descanso para mí. De hecho, durante una etapa de mi carrera, cuando trabajaba en el matutino de EXA FM de seis a nueve de la mañana, pasé una de las peores etapas físicas de mi vida. Por más de dos años me levanté a las cinco de la mañana todos los días de lunes a viernes, y aunque trataba de dormir lo que siempre había acostumbrado, simplemente no lo lograba. Meses después mi vida comenzó a desmoronarse gradualmente ¡sólo por no dormir las horas que mi cuerpo necesitaba! Primero insomnio, después cambios de humor y, al final, problemas físicos como gastritis y contracturas extremas.

¿Cuántas horas duermo? Toda mi vida he descansado ocho horas. ¿Es mucho? ¿Es poco? No lo sé, pero estoy seguro de que esas ocho horas son las que mi cuerpo necesita para llegar a cargar su pila al cien por ciento.

¿Cuántas horas debemos dormir para reducir los niveles de cortisol? Ahora sí podemos hablar de lo que la medicina nos recomienda. El sueño puede parecer un estado pasivo para la mayoría de las personas, sin embargo, es un tiempo de suma importancia en el que nuestro cerebro y el sistema endocrino están muy activos cumpliendo sus funciones de restauración, muy importantes para la salud. Siempre que me voy a la cama sé que durante el tiempo que estaré dormido mi cuerpo se regenerará y se sentirá mejor al día siguiente. Recuerdo que cuando trabajaba por las mañanas en la radio hacía mucho ejercicio y no me explicaba por qué no había resultados en mi cuerpo. Después, con los especialistas entendí que jamás vería resultados si no dormía lo que mi cuerpo necesitaba ¡ocho horas!

Para que el sueño tenga la eficacia máxima en sus funciones, el cerebro debe pasar por un periodo de sueño ininterrumpido, el cual para la mayoría de las personas es de siete horas ¡siete horas, y no menos!

Como puedes ver, me detengo más en este apartado porque creo y he comprobado que tener un descanso de calidad es la base para sentirnos bien y estar bien. Aunque la realidad es que no todas las personas pueden presumir de un buen descanso. De hecho, pensándolo bien, podría decir que más de 80% de mis conocidos me ha confesado que tiene problemas para dormir. Si tú eres uno de ellos me gustaría ayudarte con estas sencillas recomendaciones que yo hago cada noche antes de dormir, lo importante es hacerlo todos los días durante un mes para adquirir el hábito.

Tener un horario habitual para dormir es muy importante, a nuestro cuerpo le gustan las rutinas. Considero mi hora de dormir como un ritual. Lo primero que hago después de cenar es tomar un té caliente, eso me baja las revoluciones, tanto físicas como mentales. Antes de meterme a la cama me gusta bañarme con agua tibia o caliente para relajarme y relajar mis músculos. De hecho, la mayor parte de las ideas que tengo se me ocurren justo en ese momento, cuando mi mente se concentra en el ahora y dejo de pensar en las citas que tengo, en las juntas pendientes, etcétera. Y si aún quieres hacer este momento mucho más especial, te recomiendo incluir en ese baño caliente una pastilla aromática que al contacto con el agua libere aromas relajantes. Desde que entro a mi habitación para mi ritual antes de dormir, me gusta poner música relajante, te recomiendo la música especial para incitar al sueño, si no tienes alguna en especial existe un álbum en plataformas del doctor Jeffrey Thompson, se llama *Soothing Music for Sleep*, este tipo de música está clínicamente probado para quienes tienen problemas de sueño porque está mezclado con ondas delta, las cuales se asocian con el bienestar y la paz interior. Luz baja, dejar el celular y leer son también algunas cosas que hago para hacer de este ritual uno de mis mejores momentos del día. También es muy importante dormir esas siete horas sin interrupción.

¿Te das cuenta de todo lo que es posible hacer para eliminar el estrés de tu vida? Si ahora que sabes que el estrés mata tus neuronas, produce inflamación, envejecimiento prematuro, hiperpigmentación y canas, destruye tu masa muscular, altera tus niveles de azúcar en la sangre y debilita tus huesos y aun así no decides tomártelo en serio ¡vuelve a leer este capítulo!

¡Vamos a entrenar juntos!

Siempre he dicho que juntos, en comunidad, es más fácil hacerlo todo. Ustedes saben que a veces hay días en que no se quieren levantar de la cama y es difícil hacer ejercicio, es normal, pero tener amigos que te animen a hacerlo lo hace todo más fácil.

Hace tiempo conocí a un buen amigo y coach, Daniel Azuara, que además de ser una increíble persona, me ayudó a llevar mi potencial físico al máximo. Él es psicólogo y también entrenador, esa combinación me llevó a confiar en él para entrenar juntos. Dani explicó lo siguiente: "El bienestar es elegir en tu vida cada una de las cosas que te hacen sentir bien. El ejercicio es una forma de bienestar, es llevar nuestro cuerpo al movimiento. Y si el ejercicio empieza con el movimiento corporal, no es necesario hacer un maratón para sentir que haces ejercicio. Puedes empezar con algo tan sencillo como estirarte, caminar, o respirar conscientemente."

También me enseñó a escuchar a mi cuerpo: "Estar en contacto con el cuerpo, escucharlo, valorarlo y utilizarlo para vivir en lugar de usarlo únicamente para sobrevivir en modo automático evita muchas enfermedades, incluyendo la depresión. El deporte no sólo es correr, levantar pesas y hacer yoga. Puedes hacer deporte jugando con tus hijos, bailando, caminando en un parque con tu mejor amigo o con ejercicios de respiración en el coche."

La pandemia nos cambió la forma de ejercitarnos durante varios meses: "Hay muchas opciones hoy en día, con la pandemia se abrió la posibilidad de tener clases virtuales desde la comodidad de tu hogar, así que puedes empezar a moverte desde casa fácilmente, tomar clases de salsa por YouTube, jugar con tus hijos o con tus perros en el patio, subir las escaleras en lugar de usar el elevador, o cuestiones similares para comenzar. Poco a poco experimentarás la forma en que esas decisiones cambiarán tu estado de ánimo, por jugar con tus perros no vas a tener la condición de un atleta olímpico que le dedica cuatro horas diarias a su entrenamiento, pero vas a liberar endorfinas, que son neurotransmisores que genera nuestro cerebro para darnos sensación de bienestar y alivio del dolor."

Y concluyó: "Roger, cuando comiences a notar estos pequeños cambios querrás más. Tienes que estar muy atento a ellos porque te harán buscar más objetivos relacionados con prolongar el ejercicio. Estos objetivos se traducen en metas a corto, a mediano y a largo plazo. No lo hagas únicamente por alcanzar resultados físicos, éste es un valor añadido; busca hacerlo para sentirte bien, ya que no sólo al hacer ejercicio cambia completamente la química de tu cerebro, en consecuencia, también puedes responder mejor a tu entorno, transmites mejor energía y con la misma claridad mental que obtienes dejas de sobrepensar y te concentras más en lo que realmente quieres. No lo olvides: obtienes claridad mental, pues al hacer ejercicio entras en un estado meditativo de presencia total, te despejas al dirigir tu atención al cuerpo y lo que está haciendo en ese momento. Usa tu cuerpo, aprovéchalo, te necesita. Hoy en día el estrés, la ansiedad y la angustia, que son exceso de futuro y pasado, nos aturden constantemente, pero el ejercicio nos ayuda a contrarrestar con presencia y consciencia esos estados. No van a desaparecer, pero van a disminuir; debemos recordar que es un proceso y todos los días tenemos que buscar la manera de movernos para sentirnos bien y más presentes."

Realmente impactante, ¿no lo crees?

Ahora sé que el cuerpo también es una extensión de la mente; por eso te invito a cultivar tu mente, verás resultados en tu cuerpo y viceversa, están conectados. Trabaja con tu cuerpo y verás resultados en la mente. Así es como las personas que practican yoga obtienen flexibilidad corporal y mental (se adaptan más fácil a los cambios). Los logros que tengas en tu cuerpo serán reflejados en logros mentales, si superaste un obstáculo o terminaste una carrera, fortaleces y refuerzas tu capacidad de llevar algo a cabo en cualquier ámbito de la vida (así se logra el éxito).

TWEETS CON MAGIA

Las personas normales hacen cosas normales. Las personas extraordinarias se comportan de forma extraordinaria.

Levantarse de buen humor es una ACTITUD, no una consecuencia. Hoy decide levantarte de BUEN HUMOR y con ganas de TRIUNFAR.

La educación necesita poner énfasis en desarrollar la inteligencia emocional, el pensamiento crítico y las habilidades para solucionar problemas de la vida real.

Te conviertes en las cinco personas con las que más te juntas.

El momento que más disfruto del día es mi ritual antes de dormir cada noche. Amo esa paz, tranquilidad que le doy a mi cuerpo y a mi mente.

Cuando eres una persona que siente que llegó a la plenitud de la felicidad, no buscas un complemento en tu pareja, buscas a alguien para compartir tu dicha.

Cuando encuentres unos ojos con los que sientas la confianza para desnudar tu cuerpo y tu mirada, habrás encontrado el amor de tu vida.

Si las ideas no se EJECUTAN no sirven de nada. Hay gente que tiene muchas ideas, pero no ejecuta ni una sola.

La espiritualidad es algo TAN personal. Es tu conexión con el universo. Pero bueno, hay quien necesita que le digan en qué y en quién creer.

Tengo que confesar que me encantan las personas que me critican porque son las que más atentas están de mis pasos y éxitos.

Qué alegría me da salir de la radio e ir topándome durante el día con personas tan maravillosas como tú. Amo vivir y amo hablar con la gente.

Este año, uno de mis propósitos es disfrutar más mis días haciendo lo que me gusta, caminar, comer al aire libre, leer bajo un árbol. Me alejaré más de esa "vida ficticia" para conectarme más con las cosas reales de la vida.
Cosas simples, eternas, bellas.

La fama no es el triunfo de un artista. La plenitud es el triunfo del ser humano que nació con la sensibilidad de ser artista.

Hoy me di cuenta una vez más de por qué me apasiona TANTO trabajar en televisión. Empecé desde los 11 años y en la actualidad es una elección de vida que jamás pienso dejar: ¡AMO HACER TELEVISIÓN! ¡Es adrenalina, es magia, es pasión!

Partiendo de la idea correcta de que "cada quien tiene a su lado a quien se merece", piensa durante cinco segundos, ¿qué personas te rodean?, después analiza, ¿te mereces eso?

A ti, que me sigues y me lees, te digo algo: conocerte fue lo más increíble que me ha pasado. Tú me enseñas a conocerme más, a descubrir cosas que no sabía de mí, y eso me fascina.

¿CÓMO TE RELACIONAS CON TU CUERPO?

Cuida tus pensamientos, hazte consciente de tus creencias y paradigmas mentales para entonces cambiar tu forma de relacionarte con tu cuerpo.

Constantemente estamos expuestos a estereotipos socio-culturales que exigen una perfección inexistente; hoy más que nunca hay miles de maneras de modificar una imagen, pero la perfección real se basa en el funcionamiento del cuerpo, no en la imagen de un cuerpo "perfecto". Estas tendencias cuestionables llenan las redes sociales, la publicidad, la tele y otros medios de comunicación. Los estándares impuestos por estos medios crean expectativas de belleza y bienestar basados en la ilusión y en la deformación del concepto de salud.

Una buena relación con nuestro cuerpo empieza por la aceptación, lo que se transforma en amor propio. Busca el progreso, no la perfección. Busca estar saludable, no la aprobación social por medio del cuerpo.

Cuando comprendemos estos conceptos y nos relacionamos adecuadamente con nuestro cuerpo y con nosotros basándonos en cuestiones reales, empezamos a entrar en un estado de armonía que nos ofrece hábitos y rutinas de bienestar que disfrutamos, como hacer ejercicio, un buen ritual de cuidado de la piel, una alimentación nutritiva, actividades que involucran estar en contacto con la naturaleza, etcétera.

El ejercicio y la buena alimentación nos ayudan a estar saludables, a funcionar óptimamente, a ser felices, y como valor añadido —también es importante y válido— a vernos bien.

¿Cómo hacerle entender a una persona que "el destino" no existe? Si tú vida está realmente reservada para el éxito y te quedas dormido sin hacer nada, ¿serás exitoso? O al contrario, si estás destinado al fracaso y eres trabajador, modesto, te preparas y eres buena persona, ¿fracasarás?: ¡Nunca!

El éxito está en el nivel de pasión con el que hagas las cosas.

Las cosas forzadas nunca funcionan. Una cosa es ser perseverante y otra muy diferente es ser "terco"; el tonto es terco.

Me gustaría reunir a todos los que trabajamos en #ZappingZone y que se enteraran del impacto que fue hacer este show de televisión. No hay un solo lugar en cualquier país de Latinoamérica al que entre y no me digan algo de #ZappingZone. Créeme, nadie de los que trabajamos ahí imaginamos que lo que hacíamos todos los días desde el estudio de Conesa 1127, en Buenos Aires, Argentina, sería algo que marcaría la vida de millones de niños y jóvenes. A todos los involucrados en este show: GRACIAS Y FELICIDADES.

A veces es más divertido ver el comportamiento de los seres humanos que el de los animales. Ver cómo los seres humanos buscan pertenecer a un lugar o estatus es fascinante. Los animales nos ganan en eso por mucho en su evolución como especies, ellos simplemente viven. El mundo es de ellos porque su único lugar de pertenencia es el universo. No son tan tontos como los seres humanos, que nos limitamos y buscamos siempre pertenecer.

Si a los 20 años no te gustó ser emprendedor, ojo: serás un feliz empleado toda tu vida trabajando para otros.

La persona mediocre siempre se junta con otros mediocres porque jamás podría convivir con alguien exitoso:
lo corroe la envidia y se aleja.

Prepotencia es igual a una persona con poder (o dinero) que sabe que su valor sólo está en su cargo o su cuenta bancaria.

La televisión cambió, la radio cambió y en general en México los medios cambiaron. Es decir, aquel productor, director o realizador que cree que su experiencia le asegura el éxito está muy equivocado. La clave es rodearse de las nuevas mentes creadoras de contenido.

Siempre estoy acompañado de mucha gente, por eso disfruto enormemente esos momentos en que camino solo y pienso cosas fuera del trabajo.

Si quieres que tu vida sea extraordinaria, júntate con personas extraordinarias. La gente común te da una vida común.

Hoy en día es muy fácil hacerse famoso de un día a otro, pero así como llega la fama se va. Se esfuma cuando no hay talento.

Nunca pensé que diría esto pero, ¡cada vez me gustan más los números!

La vida de una persona no se mide por sus fotos en Instagram. Se mide por la emoción y pasión con la que vive justo cuando no existe una cámara, un filtro y un encuadre perfecto.

DIFERENCIA ENTRE HACER EJERCICIO EN EQUIPO O EN COMUNIDAD

Practicar un deporte en equipo o hacer ejercicio en grupo crea un sentido de pertenencia en el cual te sientes parte de algo, y en la mayoría de los casos compartes un objetivo en común, por lo que llegar a él es más fácil. Pertenecer a un grupo o a un equipo crea una red de apoyo que se convierte en una comunidad, gente con la que cuentas y te motivas para seguir. A su vez, creces con el grupo, te sientes acompañado y por lo tanto continúas en él.

Siempre hay que tener presente que la competencia real es con uno, que tu mayor oponente eres tú, tus limitaciones mentales, y si el cuerpo es una máquina, puede sobrepasarlas. Así que en el deporte el reto es vencerte y salir de esa zona cómoda, pues si lo logras resultará más fácil enfrentar cualquier situación durante el día, una vez hecho tu ejercicio podrás resolver cualquier problema con mayor eficacia.

La gasolina para nuestro cuerpo: la alimentación

Debido al estilo de vida sedentario, abundante en azúcares y carbohidratos, los altos niveles de azúcar en la sangre están provocando 3.8 millones de muertes prematuras al año. Estas muertes no son rápidas, llegan de formas horribles, como cegueras, fallas renales, heridas sangrantes en los pies y amputaciones de extremidades.

La alimentación actual difiere drásticamente de la alimentación de hace algunos años.

Durante los últimos siglos se ha introducido en el mercado una gran cantidad de alimentos procesados, pero nuestro cuerpo no está diseñado para digerirlos. La vida contemporánea puede resultar más cómoda, pero estos alimentos generan problemas de nutrición que el cuerpo no está preparado para resolver totalmente.

Problemas como diabetes, obesidad y algunas enfermedades del corazón tienen su raíz en una alimentación que no se asemeja a la de nuestros antepasados.

Durante muchas generaciones, los seres humanos sobrevivieron con alimentos frescos, no procesados. Ahora la comida calentada en hornos de microondas, nuestra despensa llena de alimentos procesados o preparados y la cantidad de horas que pasamos sentados mirando la luz que emiten las televisiones, las computadoras o los teléfonos son factores que dañan nuestra salud física; en suma, muchos alimentos que consumimos están lejos de los estándares de calidad y aún así llenan los centros comerciales.

Hoy en día, poca gente consume suficientes frutas y verduras ricas en nutrientes y bajas en calorías.

Una alimentación balanceada incluye una amplia mezcla de MACRONUTRIENTES y MICRONUTRIENTES.

Pero, ¿qué son?

Los primeros son los nutrientes que el cuerpo necesita en cantidades relativamente grandes. Aportan calorías que se convierten en energía. Éstos se dividen en tres grupos principales: carbohidratos, proteínas y grasas.

Los MICRONUTRIENTES son compuestos necesarios en cantidades minúsculas que apoyan la función celular y el crecimiento. Estos nutrientes también son conocidos como vitaminas y minerales, regulan muchos procesos delicados en nuestro cuerpo, por ejemplo: el metabolismo, el sistema nervioso, la digestión, la cicatrización, la salud reproductiva, la coagulación de la sangre, entre otros.

Las propiedades curativas de los alimentos

El cuerpo humano es sorprendente, tan sólo pensemos en la perfección de los latidos del corazón o la increíble capacidad de curarse solo. En realidad, comprendemos aún muy poco de lo asombroso que es nuestro cuerpo.

La idea de una nutrición adecuada como base para una vida larga y saludable tiene sentido, pero la ciencia detrás de la nutrición es un desarrollo reciente.

La importancia vital de una alimentación variada y rica en nutrientes ha sido percibida apenas en los últimos siglos. A mí me encantan las historias y te compartiré la siguiente, me parece fascinante:

El descubrimiento de las vitaminas

Entre 1746 y 1747 el cirujano naval escocés James Lind descubrió que los cítricos, específicamente los limones y las limas, podían eliminar por completo el azote del escorbuto, principal causa de muerte entre los marineros que navegaban en alta mar.

El elemento vital de los cítricos que el doctor Lind descubrió fue la vitamina C. De manera inteligente introdujo en la alimentación de los marineros de guerra esta vitamina y con ello la enfermedad quedó relegada a sólo una nota histórica.

Años más tarde siguieron los descubrimientos de otras vitaminas que recibieron el nombre de letras, de la A a la K y muchos de sus descubridores recibieron el Premio Nobel. También se descubrió que muchas enfermedades estaban asociadas con las deficiencias de nutrientes y se tomaron medidas para fortificar los alimentos con el fin de proteger a la población mundial de muchos padecimientos.

Por ejemplo, la vitamina D se agregó a la leche en Estados Unidos, eliminando prácticamente la enfermedad de ablandamiento de los huesos conocida como raquitismo. También otra vitamina introducida en múltiples alimentos fue la K; esta vitamina tiene la gran capacidad de coagular la sangre, por esta razón muchos alimentos comenzaron a ser enriquecidos con ella.

Aunque vivimos en una época de disponibilidad y abundancia, preferimos ignorar muchos alimentos que son buenos para nosotros.

Según un estudio del Centro para el Control y Prevención de Enfermedades (CDC por sus siglas en inglés) sólo 14% de los adultos y 9.5% de los jóvenes estadounidenses consumía las porciones recomendadas de frutas y verduras, imagínate eso en nuestro país. Otro dato impactante realizado por la Asociación Americana de Diabetes reveló que más de 25 millones de niños y adultos en Estados Unidos tienen diabetes, una enfermedad que suele ser causada por alimentos con alto contenido de azúcar.

Así las cosas...

En un día cualquiera, 46% de la gente no come ni siquiera una fruta.

Los expertos en nutrición coinciden en que la mejor forma de asegurar una buena nutrición es tomar un suplemento diario que aporte al organismo los micronutrientes que necesita. Algunos suplementos permiten que cada célula del cuerpo funcione correctamente, lo que contribuye a prolongar la salud y la vitalidad.

Seleccionar un suplemento adecuado puede ser una tarea complicada, a menos que sepas sobre los principios básicos de la nutrición, pero no te preocupes, en estas páginas te explicaré algunos muy sencillos para que entiendas fácilmente.

OJO: gran parte de nuestra vitalidad diaria, así como nuestra salud general a largo plazo, están vinculadas directamente con las cantidades de vitaminas y minerales que consumimos diariamente.

¿Para qué sirven las vitaminas y los minerales?

Es verdad que la tierra y su maravillosa abundancia nos proporcionan todo lo que nuestro cuerpo necesita, pero hay tres factores clave que diferencian nuestra capacidad de sobrevivir de nuestra capacidad para crecer y vivir una vida plena y activa.

1) El cuerpo no puede producir las vitaminas y los minerales clasificados como "esenciales", necesarios para conservar la vida y la salud, éstos se deben obtener de la alimentación.

2) El momento oportuno no lo es todo: nuestro cuerpo no es capaz de almacenar la mayoría de las vitaminas y minerales, por esta razón, la buena salud depende de que el cuerpo se alimente con las cantidades ideales todos los días.

3) Las deficiencias de hoy se pueden manifestar el día de mañana: es posible que no sientas una diferencia inmediata en caso de pasar unos días sin vitaminas y minerales esenciales, pero con el tiempo pones en peligro los beneficios de una buena salud a largo plazo.

Otro dato que debes saber es que las vitaminas son compuestos orgánicos críticos que constituyen un requisito para mantener una vida libre de enfermedades y una perfecta salud. Las únicas que el cuerpo no puede fabricar son las vitaminas D y B12, éstas se deben obtener por medio de la alimentación.

¡In the jungle!

Las plantas producen 11 de las 13 vitaminas conocidas, esenciales para la salud.

¡Sol, solecito! La vitamina D se puede crear dentro de la piel cuando se expone a la luz solar, y la vitamina B12 proviene de las bacterias.

El cuerpo humano no puede almacenar la mayoría de las vitaminas. Éstas deben ser consumidas con regularidad para evitar deficiencias en la salud.

Algunas vitaminas como la A, D, E y K son solubles en grasa, por lo que el cuerpo es capaz de almacenarlas en los tejidos y el hígado, y pueden durar algunos meses en nuestro cuerpo.

Otras vitaminas solubles en agua, como la C y la mayoría de las vitaminas del complejo B, se unen a moléculas de agua en vez de grasa y pueden ser eliminadas del cuerpo rápidamente a través de la orina. De hecho, una gran dosis de vitamina C puede agotarse significativamente del cuerpo en cuestión de horas, dependiendo del metabolismo de cada persona.

¡Escucha a tu cuerpo!

La reposición continua del suministro de vitaminas y minerales es fundamental para la salud. Este proceso es parte de las razones por las que sientes hambre y necesitas comer varias veces al día. Es la forma en que tu cuerpo te indica que necesita tanto macronutrientes como micronutrientes.

¡No olvidemos a los minerales!

Aunque las vitaminas predominan en los temas sobre la buena salud y la nutrición, los minerales no son menos importantes. De hecho, sin los minerales las vitaminas y los aminoácidos no pueden ser metabolizados y se vuelven inútiles.

Los minerales suelen ser mencionados como las "bujías de la vida" debido a que estos elementos químicos son necesarios para activar las mañas de 20 000 enzimas que se encuentran en el cuerpo humano.

Para que sea más fácil de comprender, si comparamos una enzima con un motor, el mineral es el que proporciona la chispa que lo enciende, mientras que las vitaminas y los aminoácidos son parte del combustible que le permitirá realizar su tarea. Sin los minerales —los activadores—, la reacción nunca tendría lugar.

"Se puede rastrear cada enfermedad, cada trastorno o cada dolencia, hasta una deficiencia mineral", afirma Linus Pauling, dos veces ganador del Premio Nobel.

Ahora, te tengo malas noticias, el futuro que advertía el doctor Mertz, llegó: ese futuro es ahora. Él sentenció: "En el futuro no podremos apoyarnos más en nuestra premisa de que el consumo de una dieta balanceada y variada proporcionará todos los elementos esenciales, porque esa dieta será muy difícil de obtener para millones de personas."

La tierra es la fuente fundamental de vitaminas y minerales. Y quizá te preguntes: "Si actualmente las frutas y verduras se cultivan en suelos fertilizados artificialmente que carecen de todo espectro de minerales, ¿por qué se ven tan grandes, robustas, sanas y deliciosas?" La respuesta es que se trata de un simple engaño. Las plantas tienen la capacidad de dar frutas y verduras suficientemente hermosas, pero nutricionalmente huecas.

La combinación de nitrógeno, fósforo y potasio es todo lo que una planta necesita para desarrollar frutos de aspecto saludable. Sin embargo, el contenido nutrimental real puede desmentir su aspecto apetitoso.

Tristemente, la ganancia de los agricultores se basa en el volumen y la cantidad de sus productos comercializables, no en su contenido nutrimental.

Los productos cárnicos y lácteos de la actualidad son fuentes menos fiables de minerales. El siguiente comparativo muestra la disminución del contenido mineral en productos animales:

De 1940 a 2002: 10% menos de magnesio, 16% menos de potasio, 24% menos de cobre, 28% menos de fósforo, 30% menos de sodio, 41% menos de calcio y 54% menos de hierro.

100 años de agotamiento de los minerales

Ésta es una tabla del agotamiento de los minerales en el suelo de 1892 a 1992:

- Norteamérica 85%
- Sudamérica 76%

- Asia 76%
- África 74%
- Europa 72%
- Australia 55%

El porcentaje específicamente de Norteamérica puede atribuirse en gran medida a la dependencia de fertilizantes sintéticos utilizados por tanto tiempo.

Radicales libres y antioxidantes

Cada segundo, todos los días, billones de radicales libres bombardean las células de nuestro cuerpo.

El poder dañino de los radicales libres juega un papel esencial en el envejecimiento y el comienzo de las enfermedades. Pero con suplementos adecuados, puedes contar con un arma poderosa contra los radicales libres: los antioxidantes.

Muy frecuentemente me topo con personas que se toman muy a la ligera el concepto de la vida. Permiten su deterioro, comen muchas cosas que no deben, duermen muy poco, no hacen ejercicio y aun así, con ese estilo de vida, pretenden que su cuerpo siga funcionando bien. Esperan tener buena salud y vitalidad. La respuesta que les doy es muy sencilla, no se tomarían la vida tan a la ligera si entendieran mejor lo que se necesita para mantenernos vivos.

Radicales libres: los científicos e investigadores han obtenido recientemente una gran información acerca de ellos y el tremendo impacto que tienen respecto de la duración y la calidad de nuestra vida.

Ojo: el conocimiento sobre radicales libres es esencial para cualquier persona que quiera vivir con la certeza de que le dará a su cuerpo la oportunidad de curarse y vivir bien por muchos años.

Desde hace varias décadas sabemos de la existencia de los radicales libres, pero la realidad es que conocemos muy poco sobre ellos. La razón es que la vida de un radical libre es inferior a una millonésima de segundo, sí: .000001 segundos es la expectativa de vida de un radical libre.

Eso vuelve muy difícil la tarea de medirlos y observarlos. En la última década sólo se ha podido desarrollar una tecnología que puede medir, y por lo tanto, observar a los radicales libres. Estos son para el ser vivo lo mismo que los gases de un tubo de escape para un motor en marcha.

En teoría, si no estuviéramos expuestos a los radicales libres, viviríamos para siempre. Por eso los radicales libres son la causa de nuestro envejecimiento. Ahora bien, la pregunta es: ¿Cómo vivir reduciendo al mínimo el impacto negativo de los radicales libres en el cuerpo?

¡Antioxidantes al rescate! Pues los antioxidantes detienen la reacción en cadena para evitar que cada radical libre cree otro radical libre.

¿Cuáles son los antioxidantes? La vitamina C, selenio, cobre, hierro, magnesio, zinc; puedes encontrarlos en semillas de uva, té verde, aceituna, arándano rojo, jengibre, entre otros.

Un radical libre daña el ADN, los lípidos y las proteínas.

Mientras estemos vivos nuestro cuerpo producirá radicales libres, esto es una realidad, por eso necesitamos continuamente de antioxidantes. Si no se controla, un radical libre creará millones de otros radicales libres en cuestión de segundos. Podemos detener esta interminable reacción en cadena si nos aseguramos de que haya un suministro abundante de antioxidantes en la sangre, en todo momento.

¡El cuerpo es una máquina perfecta! A medida que estudio los radicales libres y su comportamiento en diferentes artículos y libros, me doy cuenta de que mi cuerpo (y el tuyo) es perfecto, bondadoso y su naturaleza es empujar siempre para estar bien en todo momento. Por eso para mí es muy importante honrarlo y agradecerle cada día por trabajar de forma tan perfecta, así que lo único que me queda es ayudarle a que siga trabajando de esa forma y hacer lo mejor de mí para que mi cuerpo esté bien.

Por favor, pon atención en esto: una molécula de antioxidante sólo puede detener la reacción en cadena de un solo radical libre. Los antioxidantes básicamente ¡se sacrifican en el proceso! Les pido un minuto de silencio por todos aquellos antioxidantes que han dado la vida por nosotros.

(Si

   len

      cio...)

Para que se entienda mejor, cuando a un antioxidante le quitan un electrón deja de ser antioxidante. Ha detenido la reacción en cadena, pero tan pronto llegue el próximo radical libre, otro antioxidante tiene que ocuparse de detenerlo. Por lo tanto, los antioxidantes son consumidos constantemente. Por eso es tan importante asegurarnos de tener un buen y continuo suministro de antioxidantes.

La salud de las articulaciones

Incluso el estilo de vida más sedentario requiere de una gran cantidad de articulaciones al día. Comprender la mecánica de las articulaciones y cómo funcionan es clave para mantenerlas sanas y conservar la movilidad a lo largo de la vida.

No necesitas ser una persona mayor de 25 o 30 años, el malestar de las articulaciones es una de las dolencias físicas más comunes y hace que las actividades más simples sean disímiles, incluso dolorosas.

Pero un poco de conocimiento y algunas sugerencias de prevención ayudan en buena medida a mantener la salud de las articulaciones por mucho tiempo. El cuerpo humano tiene más de 200 huesos y más de 200 articulaciones que los conectan. Esto le da la flexibilidad para cambiar de forma y posición. Todos los movimientos son posibles gracias al cartílago, que es el tejido conectivo que actúa como amortiguador entre los huesos y permite que las articulaciones se muevan.

Aunque está diseñado para ser fuerte y resistente, el cartílago se puede lesionar, de hecho, las articulaciones pueden desgastarse, pero con los nutrientes y el metabolismo adecuados, el cuerpo puede mantener el cartílago en un estado saludable. Los tejidos se pueden regenerar porque el cuerpo humano, como lo has leído en estas páginas, es maravilloso, siempre y cuando tengas una alimentación adecuada, un peso ideal y un buen nivel de actividad física frecuente.

Covid-19, ¡a reforzar el sistema inmunológico!

Cuando nos enteramos de la pandemia, al principio entramos en pánico, era normal, nadie sabía de qué se trataba esta enfermedad, había mucha información y demasiados rumores que circulaban en redes sociales. Al enterarme de que este nuevo virus atacaba principalmente a cuerpos con las defensas bajas, hablé con mi médico para preguntarle qué hacer para reforzar mi sistema inmunológico. Hice lo que me indicó al pie de la letra y ¿qué crees? Hasta el momento no me he contagiado de esa enfermedad y, lo mejor de todo… ¡jamás en mi vida estuve tan sano como en el 2020 y 2021! Lo que todos los años anteriores era la típica gripa, faringitis o cualquier dolor normal de estómago o cabeza, durante esos dos años se esfumaron.

¿Qué hice? Concentrarme en reforzar mi sistema inmunológico. Ahora te ofrezco algunos buenos consejos que espero te sirvan tanto como a mí:

1. Hice ejercicio de manera constante: sabía muy bien que el ejercicio es importante para tener la máquina (el cuerpo) funcionando correctamente. Trata de hacer ejercicio frecuentemente, te ayuda a reforzar el sistema inmune.

2. Procura tener un descanso reparador: es fundamental para todas las funciones de nuestro cuerpo. La época de mi vida en que menos he dormido ha sido cuando más me he enfermado. Tenía que cuidar mucho mi descanso.

3. Consume vitamina B12, vitamina C, vitamina E y vitamina D. En lugar de tomar un multivitamínico, comencé a tomar estas vitaminas por separado para tener mayor porcentaje de cada una de ellas en el cuerpo. Cuando falta vitamina B12 en nuestro cuerpo se presenta una disminución de células de defensas. La vitamina C aumenta la capacidad de las células para defenderse, además posee un gran efecto antioxidante. La vitamina E es muy importante, sin ella se deteriora nuestra capacidad inmune, pues nos protege de infecciones. Y la vitamina D también es fundamental, muchos estudios han demostrado una relación entre el déficit de esta vitamina y la incidencia de infecciones respiratorias.

Te voy a recomendar algunos alimentos que ayudan a tener un sistema inmune fuerte, para que los consumas con frecuencia: con vitamina C, los cítricos (naranjas, mandarinas, fresas, arándanos). Con zinc: avena y frutos secos. Además, ¡toma baños de sol! Es verdad, al menos 30 minutos diarios al sol producen vitamina D.

4. Consume más alimentos con fibra, tienen un componente muy importante que interviene en la función del sistema inmune y promueven el crecimiento de tu flora bacteriana.

5. Evita mucho más el alcohol, el azúcar y la comida procesada.

6. Mantente siempre hidratado: al conservar la hidratación en la mucosa fortalecemos la barrera que encuentra el virus en primer lugar.

Después de dos años de ser consciente de esto, vi los resultados positivos. No sólo no me enfermé de nada en todo este tiempo, también me ha ayudado a tener una dieta balanceada. La alimentación es esencial para lograr un sistema inmunológico fortalecido. Y mucho ojo con el estrés y la ansiedad, pues ambos afectan tu sistema inmunológico y favorecen el contagio o la aparición de diversas enfermedades.

Detecta si tus defensas están bajas

Te comparto algunos síntomas para detectar si nuestro sistema inmune no se encuentra en óptimas condiciones: infecciones recurrentes, resfríos, alergias, enfermedades que duran más de lo normal o tardan en curarse, fiebre frecuente, ojos secos, cansancio, diarrea frecuente, manchas en la piel y caída del cabello.

Si presentas varios de estos síntomas, te recomiendo acudir con tu médico para que te ayude a ponerte de nuevo al cien.

Alimentación y depresión

Hace unos años mi hermana vivió una de las crisis más fuertes de su vida, cayó en una depresión muy profunda. Ella me contó como salió de la crisis, cómo logró atravesar ese momento de su vida, su historia es inspiradora, estoy seguro de que puede ayudarte si alguna vez pasas por una situación así. Esto me reveló Andy:

El primer paso para salir de mi fondo depresivo fue retomar algo tan sencillo como comer. Debo decirte que dejé de poner atención en mi alimentación. "¿Cómo quieres comenzar un proceso de sanación emocional si para el inicio necesitas energía, Andrea?", me dijo el doctor Padilla. Y es cierto, se necesita energía para cualquier proceso emocional, no sólo físico. Nuestra alimentación y dieta pueden condicionar nuestro estado anímico y emocional. Cuando estamos tristes podemos dejar de ingerir alimentos, o en un caso extremo como el mío, que afectó negativamente en mi digestión, puede ocasionar un síndrome de intestino irritable, lo cual no había relacionado al comienzo con mi fondo de tristeza; cuando estamos ansiosos podemos ir en busca de comida para sentirnos mejor y llenar el vacío. Pero en realidad existen alimentos específicos que nos ayudan a disminuir la ansiedad:

- Plátano, porque contiene magnesio y fibra.
- Verduras de hojas verdes; por su composición, espinacas y acelgas combaten el estrés.

- Aguacate, vitamina B que estimula la liberación de neurotransmisores como la dopamina y serotonina, las cuales ayudan a nuestro estado de ánimo.
- Pescados, el omega-3 es vital, como el salmón, que beneficia nuestro sistema nervioso.
- Avena, fortalece el sistema inmunitario y reduce el estrés.
- Huevos.
- Frutos rojos.
- Probióticos.
- Agua.

Las cosas que tuve que desaparecer de mi vida fueron azúcares, alimentos altamente procesados, la cafeína, los refrescos y el alcohol.

Las emociones están fuertemente vinculadas entre sí. Una dieta saludable te hace sentir bien. En el intestino existen muchas terminales nerviosas que informan al cerebro; por ello, una mala alimentación puede producir una depresión si llega a trastornar nuestro estado emocional. Por ejemplo, una alimentación rica en grasa puede alterar nuestro ciclo de sueño, impide conciliarlo y origina estrés y desequilibrio emocional.

Es importante observar cómo es nuestra alimentación y estar dispuestos a modificar nuestra dieta para recuperar el equilibrio de nuestra salud física y emocional. Lo primero que hice fue empezar a comer alimentos que me ayudaron a recuperar mi energía. Le dije muchas veces al doctor que tenía la sensación de que era incapaz de moverme, no quería levantarme de la cama, no sentía energía. Él me dijo que no lo lograría hasta que nuevamente llenara mi "tanque" de energía. A partir de ahí, al recuperar una alimentación sana y ordenada, tuve la fuerza para empezar un proceso emocional que desembocó en tomar mejores decisiones para encontrar mi camino nuevamente.

TWEETS CON MAGIA

Hace mucho no sentía tanta emoción por cerrar un ciclo de vida y estar tan feliz por empezar uno nuevo.

El genio es extremadamente incoherente e incomprendido por la gente, al mismo tiempo que es extremadamente coherente con sus principios.

Dime con quién te juntas y te diré qué tan exitoso serás.

Si no lloras por alguien como niño, si no ríes hasta que te duela el estómago, si no te emociona despertar cada mañana, es mejor que elijas ser un mueble en tu próxima vida. Si realmente quieres vivir APASIONADAMENTE, ¡no te quejes y ponte de pecho a la vida!

¿Te das cuenta de que MUCHA gente que tiene mal humor SIEMPRE se queja y siempre le va mal? La vida no cambia si ellos no quieren cambiar.

Creo que los únicos responsables de que yo JAMÁS acepte un "no" como respuesta son mis papás. Ellos siempre han respetado y aceptado TODAS mis decisiones. Confiaron mucho en los valores y la educación que me dieron para que cuando creciera tomará mis propias decisiones, buenas o malas.

Me da risa la gente que critica por el hecho de criticar. Criticar es sinónimo de una vida vacía, aburrida y de una persona fracasada.

He visto una increíble conexión entre la gente que triunfa profesionalmente con la que es agradecida. A veces me sorprende ver profesionales o artistas tan talentosos que no sobresalen. Conociéndolos más me doy cuenta de que no son personas agradecidas y creen que sus repentinos éxitos son producto sólo de ellos. Créanme, nunca se llega alto solos. Tenemos que agradecer SIEMPRE a quienes nos hacen lo que somos.

Entre más grande seas, más grande será la sombra que darás a los demás. No mires atrás para escuchar lo que dicen los demás, sonríe siempre a la luz que te da esa fuerza.

Dale importancia a lo que REALMENTE tiene importancia. Es la CLAVE para sentirte plenamente feliz.

Una persona impuntual tristemente no conoce el VALOR DEL TIEMPO. Y es difícil tener algo en común con alguien que no conoce el valor de cada minuto.

Acabo de oír de otra mesa un concepto nuevo que jamás había escuchado, pero es verdad, existe "la arrogancia senil".

Cuando sabes exactamente quién eres y cuál es tu potencial, tienes la BASE para construir una vida llena de éxitos.
Antes de ejercitar tu cuerpo, ejercita tu SEGURIDAD y tu AUTOCONOCIMIENTO.

Cuando tu seguridad es GRANDE y sabes quién eres y confías en tu potencial, tu ego es un enano. Se sabe que las personas con el ego muy GRANDE, tristemente, tienen una seguridad y un potencial para triunfar muy pequeño y limitado. Conoce más a las personas por lo que no dicen.

Hablaste bien de las personas, ayudaste a otros, le sacaste una sonrisa a alguien, contagiaste a los demás de alegría, te aseguro que mañana te irá MUY BIEN... si hiciste lo opuesto, te aseguro que mañana será OTRO MAL DÍA para ti. Tu vida CAMBIA cuando TÚ cambias.

"No somos seres humanos viviendo una experiencia espiritual. Somos seres espirituales viviendo una experiencia humana."

PIERRE TEILHARD DE CHARDIN

REFLEXIONES PARA UN TRABAJO ESPIRITUAL

Llega un momento a lo largo del camino, del peregrinaje, de la búsqueda, de las crisis y fondos emocionales, en que hacemos una pausa y observamos cómo nuestra historia emocional quizá hubiera sido menos compleja si no nos hubiéramos resistido a las experiencias inevitables de la vida. La resistencia a las vivencias crea sufrimiento. Y como expresan varios autores, el dolor es inevitable en nuestra condición humana, pero el sufrimiento siempre es opcional.

En el momento en que me hice responsable y consciente de que la única persona que construye mi realidad soy yo, me liberé. Debemos ser conscientes de que no podemos controlar el afuera y sus circunstancias, tampoco las acciones y respuestas de los otros, pero sí podemos controlar la forma en que reaccionamos a esas cosas.

Tenemos un archivo emocional interminable, con programaciones obsoletas, un archivo de actitudes, creencias, pensamientos y sentimientos negativos que hay que aprender a desprogramar. La presión profunda y constante que vivimos por demandas del exterior forma parte también de nuestros problemas y enfermedades. Lo peligroso es normalizar esa manera de vivir al mismo tiempo que intentamos huir de ella de mil formas. Nuestra vida gira en torno al miedo y a la amenaza de vivir en la desdicha. Tal parece que vivimos en una eterna lucha para escapar de nuestros miedos internos y de las expectativas que proyectamos en el mundo y el mundo en nosotros.

Tenemos miedo a nuestras emociones porque tememos perder el control sobre ellas, pues a algunas las hemos escondido desde tiempo atrás, quizá porque fueron originadas por alguna experiencia dolorosa que no hemos tenido el valor de enfrentar. Tenemos periodos de felicidad, por supuesto. Pero al más mínimo movimiento o experiencia que aflore nuestra vulnerabilidad, las emociones pendientes resurgen recordándonos que es momento de mirar hacia adentro. La pandemia fue un claro recordatorio para observar todo aquello a lo que nos resistimos.

Una emoción puede crear miles de pensamientos a lo largo de nuestra vida. Pensamientos a los cuales nos aferramos olvidándonos de que todo es pasajero. Nos dicen que todo pasa cuando nos encontramos en una situación dolorosa o incómoda, pero no nos dicen que también los momentos placenteros donde experimentamos felicidad pasarán.

Aquí, justo en esta parte de nuestro camino, donde aceptamos (no desde el conformismo) las experiencias que nos tocan vivir y nos entregamos a nuestro proceso atravesando la incomodidad de las emociones del momento, es donde comienza nuestro trabajo espiritual.

¿Qué es la espiritualidad?

A lo largo de mi vida quise entender el concepto de espiritualidad. Por supuesto, nunca lo iba a entender porque la espiritualidad no es un concepto. La espiritualidad es una experiencia que se vive más allá de toda racionalización. La espiritualidad no tiene nada que ver con creencias religiosas, credos o con seguir a personalidades supuestamente "iluminadas"; más bien hace referencia al grado de amor y expansión de consciencia hacia nuestra verdadera esencia que nosotros, como seres humanos, hemos alcanzado en la vida.

La dimensión espiritual tiene cualidades humanas: el ejercicio de la creatividad, la búsqueda del sentido de la vida, la expansión de la intuición, la experiencia de la fe, la visión de lo que podemos llegar a ser, la capacidad de amar, la capacidad de sentir de forma consciente. También son experiencias espirituales la autotrascendencia y la capacidad para entregarnos a las personas que amamos y a las causas en las que creemos.

Cuando los chicos y las chicas me comparten en sesión que terminaron por aceptar cierta situación dolorosa pero no saben qué hacer en ese momento de su vida tan caótico y problemático, mis respuestas siempre son las mismas:

"No te resistas a la oscuridad (la resistencia crea sufrimiento)."

"Busca la presencia de algo bello (identifica dónde encuentras belleza)."

La belleza alimenta al alma porque sirve al espíritu. La belleza nos libera de nuestras preocupaciones y nos sitúa en otros espacios. La esencia de la espiritualidad es una expansión de nuestra visión. La belleza no nos libera del proceso que debemos trascender, pero nos regala otra mirada y perspectiva para abrazar nuestro camino.

Pero ¿cómo aceptamos el nuevo camino?, ¿cómo nos rendimos ante lo que amenaza nuestra tranquilidad?, ¿cómo lidiar con las emociones que no deseamos?

El doctor David R. Hawkins describe en su obra *Dejar ir* el mecanismo de la entrega. Se trata de un proceso que nos hace libres de los apegos emocionales, pues éstos son la causa principal del sufrimiento.

El doctor Hawkins explica que la mente, con sus pensamientos, es dirigida por los sentimientos. Como la mayoría de las personas suprimen y huyen de sus emociones a lo largo de su vida, la energía reprimida se acumula y busca expresarse a través de la aflicción psicosomática, los trastornos corporales, las enfermedades emocionales y la conducta desordenada en las relaciones personales. Las emociones acumuladas bloquean el crecimiento espiritual y la consciencia, así como el desarrollo en varios aspectos de la vida. El estado de entrega o rendición implica estar libres de emociones negativas y de expectativas.

Dejar ir implica estar consciente de la emoción que atravesamos, aceptarla, dejarla ser, observarla y sostenerla; preguntarnos por qué y para qué está ahí. Lo primero es dejarnos sentir la emoción sin resistencia, intentando no hacer ningún juicio y aceptando sólo la sensación. Cuando dejas de resistirte o de querer cambiarla, pasas a otra sensación que es menos incómoda. Cuando te permitas sentir y dejes de resistirte a lo que estás experimentando, trata de ignorar los pensamientos y concéntrate sólo en lo que sientes. Porque los pensamientos no terminan y la construcción de uno alimenta el siguiente. En el momento en que empiezas a practicar ese dejar ir para permitirte sentir, te das cuenta que todo pensamiento negativo proviene del miedo básico relacionado con la supervivencia que la mente crea; el miedo básico a no exponernos, a no sentirnos vulnerables para no ser lastimados.

Impermanencia: duelos

En mayo del 2020, a un mes de iniciar el confinamiento por la pandemia, a mi hermana de alma, Ale, mi mejor amiga desde los 4 años, le diagnosticaron cáncer de colón. Sin quitarle protagonismo y fuerza al impacto que tuvo (y sigue teniendo) la pandemia, tengo que confesar que para mí el diagnóstico de Ale fue la verdadera sacudida que me despertó a situaciones y experiencias que mi ser necesitaba atravesar. Experiencias donde el aprendizaje no fue para nuestra razón ni entendimiento, sino alimento directo para nuestra alma y espíritu.

Fue necesario entender que lo único constante en nuestra vida es la *impermanencia*. Que todo pasa. Que todo camina. Que todo nos roza poco o mucho tiempo para irse de nuevo. Hoy creo que este concepto de la impermanencia y nuestra falta de aceptación a ella es la causa de muchos de nuestros sufrimientos.

Al enterarme del diagnóstico me entregué a la emoción inmediata. Recuerdo que me senté en la orilla de mi cama y sólo me abrí a llorar. Lloré casi 30 minutos, sin parar. No estaba construyendo pensamientos unidos a la noticia, sólo lloraba. Mi hija se acercó a abrazarme mientras me preguntaba qué me pasaba. A través de la comunicación honesta y abierta que comparto con mi hija de 8 años le expliqué que había recibido una noticia triste acerca de su tía Ale. Sin más detalles en ese momento, Mía siguió abrazándome y me dijo al oído que no estaba sola, que ella me acompañaba.

Después de llorar, lo único que pensé es que necesitaba acompañar a mi hermana del alma de la mejor forma posible. Me angustiaba pensar que no sabría acompañarla desde la tristeza tan profunda que sentía. Mi intensa autoexigencia volvía una vez más. Al rebotar mi tristeza con mi terapeuta, así como la angustia por no acompañar a Ale de la mejor forma, él me dijo con firmeza: "La vas a acompañar desde lo que hoy es y siente Andrea. Ésa es la mejor forma."

Me entregué al proceso de acompañamiento. Con dolor y tristeza, observando muy de cerca la sabiduría y fortaleza de Ale: ella es una mujer sabia, con mucho trabajo interior y una mentecita curiosa e inquieta. Todos los días eran grandes aprendizajes a través de mi hermana. Su valentía al atravesar el dolor emocional y físico que le causaban las sesiones de quimioterapia me impresionó. Mis supuestos conflictos y problemas cotidianos empezaron a palidecer. Gracias a Ale comencé a darle importancia a las cosas que realmente la tienen. Dejé de preocuparme por situaciones fuera de mi control y empecé a sentir y entregarme más a la vida.

Ella es mi hermana y compañera de alma, la traigo con amor en mi pecho desde los 4 años de edad.

El año pasado (y aún en éste), ella me obsequió el mayor regalo y aprendizaje profundo que jamás hubiera podido imaginar (lo siento pandemia, no fuiste tú). Gracias a las vivencias que me tocó pasar con ella, me llené de enseñanzas los bolsillos. Ella me regaló su vulnerabilidad en tiempos de poca luz. Me regaló su amor infinito convertido en semillas que germinan en lo más profundo de mi ser; me abrió caminos nuevos donde crecen flores para que mis ojos aprendan a mirar. Me enseñó a sostener el silencio en la tormenta y el sosiego en el miedo. A desnudarme para ser fertilidad. Ella se abre cada día a la posibilidad y elección de renacer una y otra vez en distintos paisajes (a veces se le olvida, pero yo le recuerdo que ella es un paisaje). Es real, debemos sentir para sanar. Hoy las dos entendemos que saber no es sentir, que si deseamos ayudar a alguien sólo hay que amarlo con profundidad, aceptación y entrega, pues el auténtico poder del amor es el poder de transformarnos. Todo lo demás es cáscara, entretenimiento.

En nuestro camino siempre hay un mar que nos espera. Un mar donde siempre nos podemos sumergir más. Un primer sol. Temprano (como a ella le gusta). Nuestra hermandad es un elogio a la intimidad, al camino de valentía que sólo recorren los que aprendieron a amar acompañándose en medio de la neblina. Ella y yo siempre con raíces firmes y fuego para crecer. Ella y yo siempre. Ella será siempre mi hermana. El alma libre siempre busca un rincón donde acomodarse, reencontrarse, y ella es mi rincón favorito.

Como seres humanos nos sentimos muy identificados con nuestro cuerpo, y en este sentido solemos pensar que una vez que éste se acaba se cancela también la sensación de yoidad. Todos hemos estado involucrados con la experiencia de la muerte por el fallecimiento de una persona cercana. Todos hemos atravesado la experiencia de los duelos. La idea de la muerte y el miedo que nos despierta estuvo muy presente desde el 2020 por el Covid-19. El dolor que enfrentamos ante posibles pérdidas está presente en nuestra vida y juega un papel muy importante en nuestro camino hacia la madurez. Cuando aceptamos el dolor profundo por una pérdida, tenemos la sensación de que las cosas no serán iguales y experimentamos un desapego. Soltamos ciertas formas pasadas y nos damos cuenta de que podemos adaptarnos a lo nuevo, acostumbrarnos a vivir sin lo anterior. Cuando vivimos el dolor con consciencia, nos conectamos con ese plano profundo de nosotros, desde donde brota la verdadera sabiduría.

Profundizaré en el tema del duelo porque hemos atravesado sin parar una serie de pérdidas que no sólo tienen que ver con ausencias físicas, también con el hecho de enfrentar los procesos de enfermedad de gente cercana debido a los contagios, y pérdidas laborales, académicas, etcétera. Todos los cambios ocurridos desde el año pasado, los ajustes y la readaptación a una nueva forma de vida han sido pérdidas significativas que nos han afectado directamente.

El duelo es un periodo en el cual la persona que lo atraviesa se encuentra fuertemente proyectada hacia el pasado o el futuro. El presente se ve invalidado por un cúmulo de emociones y pensamientos que lo aíslan del entorno. El duelo significa enfrentar una nueva realidad, una realidad incierta donde hay un espacio vacío que antes estaba ocupado por experiencias de vida. No sólo nos despedimos de la persona o de cierta situación que queríamos, también nos despedimos de una forma de vida asociada con esa persona u objeto de pérdida.

Se habla mucho del desapego en las pérdidas y en el duelo para amortiguar un poco el gran dolor, pero la verdad es que por mucho que nos desapeguemos, siempre será muy complejo y difícil pasar esta prueba. Y en este sentido, es el duelo quien nos regala el espacio necesario para contener y sostener esa tristeza.

Existen algunos síntomas que experimentamos durante el duelo, por ejemplo:

- Insomnio.
- Pérdida de apetito.
- Falta de concentración.
- Cansancio y agotamiento.
- Emotividad desbordada.
- Memorias persistentes.
- Soledad.
- Depresión.
- Culpa.
- Sueños extraños.
- Miedo a sufrir más pérdidas.
- Ira.
- Inestabilidad emocional.

El duelo otorga la posibilidad de ajustarnos a una nueva modalidad donde lo perdido ya no está. El objetivo del duelo es liberar. No existe un tiempo fijo de duración de un duelo. En la mayoría de las culturas, el tiempo que se lleva transitarlo es de un año. Pero en muchos casos no es suficiente; otros pueden realizar su proceso de aceptación antes y seguir adelante con su vida. Es muy importante no confundir el tiempo que tardamos en nuestro duelo con el grado o intensidad de amor hacia el objeto de pérdida.

Aunque cada proceso de duelo es único, diferentes psicólogos y terapeutas han establecido cinco fases del duelo:

- **Negación.** Fase de incredulidad, vacío y dolor. Puede durar varios días o semanas; amortigua la intensidad de las emociones e impide que nos demos cuenta del significado real de la pérdida.
- **Enojo.** Sentimos rabia, rencor. La ira aparece ante la frustración, la incapacidad de hacer algo. La pérdida es definitiva y la ira puede proyectarse hacia afuera.
- **Negociación.** Se fantasea con la idea de revertir el proceso retrocediendo el tiempo e imaginando que no hay una amenaza de pérdida. Es una etapa breve porque no encaja con la realidad.
- **Depresión.** Tristeza profunda y sensación de vacío que nos llevan a una crisis existencial. Esta tristeza profunda no se considera una depresión clínica sino un conjunto de emociones vinculadas a la tristeza.
- **Aceptación.** Se acepta la pérdida y buscamos la adaptación a una nueva forma de vida. Aprendemos a convivir con nuestro dolor emocional, recuperamos poco a poco nuestra capacidad de gozo y placer.

Cuando nos encontramos transitando por un duelo y ya aceptamos la pérdida, puede ser de gran ayuda para nosotros apoyar a otros en sus propios procesos.

Estas fases nos permiten aprender algo muy importante que permanece para siempre con nosotros: el hecho de analizar lo ocurrido e intentar ver la evolución del proceso, de la vivencia y redefinir la palabra muerte. Muerte también significa oportunidad de transformación y crecimiento.

¿Cómo ayudarnos a pasar por nuestro periodo de pérdida y duelo? Aquí te comparto algunas recomendaciones muy útiles:

- Reconociendo nuestra pérdida y aceptándola.
- Atrevernos a experimentar y sentir el dolor, no anestesiarlo.
- Recordar que no estamos solos y lo ocurrido estaba fuera de nuestro control.
- Ser compasivos con nosotros y darnos tiempo para sanar nuestra herida.
- Saber que el proceso no es lineal, tiene sus altas y bajas.
- Procurar hacer ejercicio, dormir bien y no forzar ninguna actividad.
- Hacer una agenda. Marcarnos horarios y construir una estructura externa mientras nuestro interior se siente inestable.
- Postergar las decisiones importantes.
- Pedir ayuda, consuelo y apoyo a los demás.
- Rodearnos de cosas vivas y que simbolicen belleza para nosotros.
- Reafirmar nuestras convicciones: descubrir una nueva espiritualidad o reforzar las prácticas religiosas o espirituales que practicábamos.
- Tratar de no estar solos, organizar reuniones con personas que nos aporten y acompañen.
- No olvidar que seguiremos sintiéndonos vulnerables por un tiempo.

Es indudable que hemos aprendido mucho sobre cómo adquirir cosas, pero muy poco sobre qué hacer cuando las perdemos. La pérdida es inevitable, por eso es importante crear nuevas formas o creencias positivas para hacerle frente. Es necesario identificar las ideas que no funcionan y sustituirlas por otras realmente efectivas. Algunas recomendaciones erróneas son:

- Sustituye lo que has perdido.
- Sufre solo.
- Date tiempo, el tiempo lo cura todo.
- Mantente ocupado; ojo, realizar actividades distrae, pero no soluciona el dolor.

Cuando alcanzamos poco a poco cierto grado de observación y profundidad en nuestros procesos, también nos damos cuenta de que nuestros apegos disminuyen al mismo tiempo que aumentan nuestras herramientas y fortalezas internas.

Podemos ver a lo largo de la historia a personas que han logrado vivir en paz con una gran claridad y aceptación de sus experiencias y gestionando sus emociones a través de procesos sanos. Somos muchos los que intentamos seguir caminos espirituales con disciplina y entrega y sin embargo sentimos caer y retroceder de nuevo. Hoy comprendo que todo está dentro de mí. Está bien seguir ciertas creencias para que se conviertan en herramientas que nos ayuden a lograr bienestar, pero no es necesario seguir un solo dogma o un solo sistema de creencias, la clave está en adentrarnos y conocernos, en nuestro interior está la verdadera vida espiritual.

Meditación y mindfulness

Empiezo con una reflexión sobre el silencio visto desde la espiritualidad: cuando nuestra mente no calle, callemos nuestra voz. El silencio aquieta los pensamientos.

Hace algunos años descubrí que mi trabajo interno principal consistía en dejar de alimentar mi mente. Había pasado años investigando, estudiando, leyendo, formándome en la psicoterapia, trabajando muy duro. Sin embargo, fue en España, en el año 2010, cuando llegué a un hermoso lugar en la montaña mientras estudiaba para ser psicoterapeuta transpersonal, que me encontré con la palabra VACÍO. Una de las principales técnicas que la Escuela Española de Desarrollo Transpersonal utiliza para desplegar la autoconsciencia y el equilibrio interno es la meditación. La palabra vacío llegó resonando fuerte en mi búsqueda espiritual. La vacuidad es uno de los conceptos más difíciles de entender del budismo pero tiene una gran fuerza transformadora.

La vacuidad (el vacío) no significa que nada exista. Más bien se trata de comenzar a vaciar nuestra mente de todas las programaciones que llegamos a creer ciertas, deshacernos de todas las proyecciones que hacemos en el afuera y que no corresponden con la realidad. Es darse cuenta de que debemos resetearnos nuevamente y comenzar a reconstruirnos. Deconstruir estas proyecciones y ya no creer en ellas implica vaciarse.

Desde que comencé mi formación en esta escuela, supe que era momento de vaciar. No deseaba seguir conceptualizando mi camino de crecimiento emocional y espiritual, tenía que desaprender todo lo aprendido y desde ese vacío reconstruirme a partir de las experiencias. Saber no vale más que sentir, y para comenzar este gran propósito, debía silenciar. Para una mente tan inquieta y analítica como la mía, el silencio era mi medicina. Con esta búsqueda de vacío comenzó mi práctica de meditación, de respiración consciente. Todos los días, en punto de las 6:00 am, asistíamos al dojo para sumergirnos en el silencio absoluto de una meditación.

La meditación es un término muy conocido hoy en día. La asociamos con la reflexión, la relajación o "poner la mente en blanco", pero no tiene nada que ver con estas intenciones. La meditación consiste en entrenar nuestra mente en el enfoque de la atención. Este ejercicio de atención plena y consciente permite adentrarnos y llegar a una comprensión más profunda de nuestro ser para beneficiarnos en nuestra gestión emocional diaria y en la forma en cómo relacionarnos con el afuera y los demás.

La meditación es un ejercicio tan simple que hay quienes dudan de sus beneficios. "¿Qué me aporta sentarme en silencio, sin hacer nada?", afirman. Sin embargo, diversas investigaciones de las neurociencias comparten numerosos efectos positivos que la práctica de la meditación tiene en el cerebro humano. Cuando nos comprometemos y nos sentamos mínimo 20 minutos diarios a permanecer en silencio, se desarrolla poco a poco la dimensión llamada "consciencia testigo". Una puerta que nos permite ser conscientes de los contenidos y guiones de nuestra mente como emociones, recuerdos o pensamientos sobre el futuro.

Esta autoconsciencia nos conduce a una transformación que viene a cimbrare en lo más profundo de nuestro ser actuando como un detonante evolutivo del crecimiento integral y el conocimiento de uno mismo. "Quien mira hacia afuera sueña, quien mira hacia adentro despierta", afirmó Carl Jung. Las respuestas siempre están en nosotros, de allí lo útil que es usar la capacidad humana de la autoobservación para entender y gestionar mejor lo que sentimos, para modificar nuestros pensamientos no constructivos y generar pensamientos que nutran.

La ansiedad disminuye cuando nos damos cuenta de que más allá de los pensamientos y emociones, somos el centro de percepción que atestigua esa oscilación de guiones y contenidos. Alimentar la atención plena por medio de la meditación pone la mirada en nuevas formas de percibir y leer la vida. Esta nueva mirada nos hace ser testigos de los acontecimientos en el momento presente, con aceptación y ausencia de juicio. Así empezamos a aprender a vivir el ahora, el presente.

Cuando nos colocamos en la vivencia presente, la ansiedad por el futuro desaparece, lo mismo la tristeza por la añoranza del pasado. Despertar nuestra atención plena con una observación neutra nos permite vivenciar *el aquí y el ahora*. Sólo desde el silencio interior podemos ser testigos de los sentimientos y pensamientos que circulan en nosotros.

¿Cuáles son los beneficios de la meditación?

- Mejora la salud física y emocional.
- Disminuye el nivel de ansiedad.
- Fortalece nuestras herramientas internas para afrontar duelos.
- Disuelve pensamientos negativos.
- Nos ayuda a madurar emocionalmente y expande la autoconsciencia.
- Despierta la creatividad y aumenta la lucidez.
- Aumenta nuestra concentración y nuestra sensibilidad.

- Vivimos más atentos al ahora, disfrutamos más la belleza de las pequeñas cosas de nuestra cotidianidad.
- Nos hace menos impulsivos, reactivos.
- Nos *desidentifica* con el personaje y nos conecta con la esencia de nuestro verdadero ser.

Sobre este último punto te diré que es importante crear consciencia sobre los personajes que nos habitan y nos limitan a abrir nuevos caminos y formas de vida, tener clara su existencia es la clave para *desidentificarnos* de ellos. Esto es crucial para iniciar este camino de consciencia y atención plena. Las programaciones obsoletas y erróneas con las que crecimos resultan profundamente limitantes para nuestra libertad de elección en la vida.

TWEETS CON MAGIA

Si no tienes algo bueno que decir de alguien, NO DIGAS NADA. A la gente que habla mal de alguien la vida se encarga de pasarle factura. Y esas mismas personas luego se preguntan ¿por qué me va tan mal?

Te enfermas de Covid-19 o te enfermas mentalmente de depresión por estar encerrado... ¡No dejes de vivir cada día al máximo! Con precauciones necesarias NO DEJES QUE TU MENTE ENFERME ¡BUSCA ALEGRÍA EN TODOS TUS DÍAS!

Es fácil darte cuenta cuando alguien hace mal su trabajo. Esas personas usan la soberbia para hablar bien de su trabajo pues no hay resultados que lo hagan por ellos. La humildad es un gran indicativo de una persona valiosa en un equipo de trabajo.

Empiezas a tener sabiduría y madurez cuando eliges bien a tu pareja: cuando estás con alguien que te hace feliz y hay amor, aprendiste algo importante en tu vida. Una persona tóxica siempre está con otra igual. Tu pareja es reflejo de lo que eres.

URGE en los medios de comunicación y la industria del entretenimiento ELIMINAR toda violencia cuando el contenido es para niños y adolescentes. URGE crear programas y contenidos con VALORES, influenciar a las nuevas generaciones con contenidos que promuevan AMOR, RESPETO y TOLERANCIA.

Si te va mal en la vida, APRENDE del Jazz, ESCUCHA Jazz, siente y crea escuchando Jazz, entenderás cómo hacer tu vida más FÁCIL y FELIZ.

Desea siempre un FELIZ DÍA a los demás, sin importar quién sea. No le expreses a una persona "tus mejores deseos" sólo el ÚLTIMO DÍA DEL AÑO y por WhatsApp; es peor un hipócrita que un despistado.

En este tiempo de pandemia aprendí la importancia de conectarme sólo con personas auténticas, con los pies en la tierra y sin EGO. Vivo entre tanto "personaje" que encontrarme a gente humilde y de buen corazón es para mí un gran regalo, esas son las personas que quiero cerca de mí.

Quien no olvida, vive pegado al pasado. Quien vive en el pasado en realidad NO VIVE. El que tiene mala memoria y olvida es más feliz.

La mediocridad es una enfermedad crónica. El mediocre no sólo hará las cosas a medias, con los años se volverá peor. Por eso identifica a esas personas y aléjate: la mediocridad se contagia.

Gracias a todos los que me han dicho "NO", por ellos he logrado muchísimas cosas con mis propios medios.

Artistas: "La inspiración es para los aficionados, los profesionales trabajan día y noche."

La falta de seguridad es lo menos sexy que existe.

Gente que va empezando en la industria del entretenimiento: provocar que salgas en notas de escándalo para figurar en los medios es gritarle al mundo que tu TALENTO no es suficiente como para que el público se enamore de tu trabajo. Construir un nombre en la industria lleva tiempo.

Sin duda, hoy es el mejor día de lo que va del año. Por fin vi a una persona hablar con gran pasión de lo que hace, esto me motivó mucho más para seguir ayudando a quienes más lo necesitan en mi país.

MI DESPERTAR ESPIRITUAL, SOMOS PARTE DE UN TODO, TODOS ESTAMOS CONECTADOS

Voy a contarte sobre un suceso que me cambió la vida. No sé si has pasado por situaciones o momentos que simplemente cambian tu forma de pensar o de ver las cosas, y después de eso ya nada vuelve a ser igual. Sean positivos o negativos, esos sucesos te cambian, te hacen diferente y no vuelves a ser la persona de antes.

Mi historia o "mi momento" tiene que ver con un despertar de consciencia. Yo le llamo "el despertar" porque es algo que mi alma, mi ser, sabía desde hace muchos años, pero jamás lo había sentido en todo mi cuerpo; era una verdad dormida y cuando la hice consciente mi vida tomó otro sentido.

Muchos de ustedes que me han seguido en redes sociales saben que me fascina viajar por todos lados, en especial por mi país. Desde hace varios años frecuento mucho Mérida, Yucatán, porque sin duda es uno de mis destinos favoritos, tengo grandes amigos allí y es una de las ciudades más seguras y tranquilas de México. Incluso algunas escenas de mi primer serie original *Génesis* las filmé en una hacienda espectacular muy cerca de Mérida. Hay lugares que simplemente por estar ahí te hacen sentir bien; bueno, pues Mérida es para mí uno de esos sitios.

Recuerdo que la Navidad del 2019, poco antes de que la pandemia llegara a México, viajé a Mérida para pasar unos días por allá y estar cerca del mar. Uno de mis grandes amigos me insistió mucho para que conociera una reserva privada ubicada a ochenta minutos de Mérida. Quizá si me lees en un país fuera de México no sabrás que es un cenote. Bueno, "cenote" viene del vocablo maya *tz onot*, significa "caverna con agua", estos sitios eran sagrados para nuestros ancestros, los mayas.

Los cenotes son hermosos, llenos de misterio y magia. Creo que de la bellísima Península de Yucatán los cenotes son las joyas más bellas que nos regala la naturaleza. Técnicamente, los cenotes son pozos de agua de gran profundidad alimentados por la filtración de la lluvia y por las corrientes de los ríos que nacen desde el corazón de la Tierra, ¡imagínate lo que esto significa!

El agua de los cenotes es renovadora, quienes han nadado en ellos saben de lo que estoy hablando, pues es fresca, perfecta y su promedio de temperatura es de máximo 24°C. Puedo hablarte mucho sobre cenotes por lo que he aprendido de ellos, pues así como para los mayas eran sagrados, para mí y para muchos de sus pobladores cercanos, también son muy especiales.

Por ejemplo, los cenotes, como las personas, tienen edades. Y créeme, no importa si ya tuviste la suerte de adentrarte en uno de ellos en Cancún, Tulum o Playa del Carmen, ¡nunca encontrarás a dos iguales, aunque tengan la misma edad!

Los cenotes de caverna son los más jóvenes y enigmáticos ya que su espejo de agua aún se encuentra en el interior de la caverna, por eso los mayas los elegían como escenario de algunas de sus ceremonias. El color del agua es una de las cosas que más me encanta de ellos, pues puede variar desde el verde esmeralda hasta los azules intensos que sólo pueden apreciarse cuando la luz del sol entra a través de las hendiduras u orificios en el techo de sus bóvedas.

Los cenotes abiertos son los más viejitos, con el paso de millones de años el techo que los cubría cedió y se

Grabando *Roger Gonzalez Show* con amigos atletas de *Exatlón*.

¡Me encanta el agua de coco!

Dirigiendo a Alí Izquierdo en Génesis.

En rodaje de nuestra primera serie original.

Visitando los orígenes
de nuestro amigo Chino.

Conduciendo con mi querida
Anahí de la Mora en EXA FM.

Tini de visita en *Roger Gonzalez Show*.

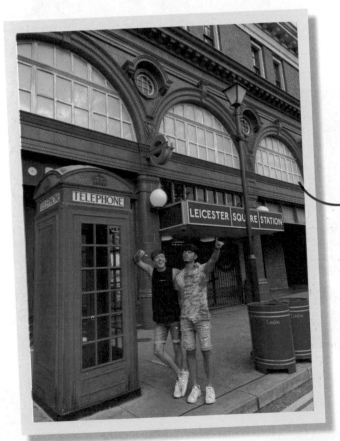

No crean
que estamos
en Londres...
¡es en el parque
de Universal!

Con Carlita en
Roger Gonzalez Show.

En las oficinas
de mi casa
Universal
Pictures.

Mi hermana conoció el lugar donde experimenté mi despertar espiritual.

En Hogwarts.

Haciendo show en
Venga la Alegría
¡me encanta!

Visitando Japón.

En *Todos
Quieren Fama*.

En una de mis ciudades favoritas del mundo: ¡Londres!

Uno de los mejores días de mi vida: cantando en el Foro Sol.

Con dos grandes amigos: Chino y Ángel.

Mi favorito de cada mañana, ¡Thunder, mi jefe de piso!

Mi querida Danie Ibáñez.

Mi equipo y mis mejores amigos.

Un amigo
y también
Disney Boy:
Michael Ronda.

¡Como me divierto haciendo mi show!

Con una de mis mejores amigas, Karime Pindter.

Los Jonas Vloggers en el show.

Reír es la mejor forma de trabajar.

Antes de salir al escenario a cantar.

En mi cumpleaños 86.

Qué bien la pasamos, deberíamos tener juntos un show de televisión ¿no?

Con mis amigos en una carretera de México.

Mía también es de playa, ¿a quién salió?

Con Dwayne Johnson y Kevin Hart en entrevista.

En Los Cabos haciendo experiencia extrema.

desplomó, dejándolos a la intemperie. Este tipo de cenotes son maravillosos y muy bellos, pues por lo general sus paredes se tapizan de flores, además son hogar de gran variedad de hermosos pájaros y mariposas. Uno de los más famosos es el Cenote sagrado de Chichén Itzá y gracias a los buceos arqueológicos se han descubierto ofrendas, joyas y piezas prehispánicas muy valiosas.

Para entender lo maravilloso de estas formaciones, tenemos que transportarnos juntos a millones de años atrás, a la Era del Hielo. El nivel del mar descendió y dejó la barrera de coral expuesta, con el paso del tiempo se convirtió en suelo fértil para que creciera vegetación y finalmente surgiera la selva tropical. Las primeras lluvias se mezclaron con dióxido de carbono de la atmósfera e hicieron erosionar la roca caliza. Así fue como se formaron los pozos que con el paso del tiempo se convirtieron en pasajes y túneles mucho más grandes, dando paso a la creación de un oasis maya de enormes sistemas de ríos subterráneos, cavernas y cenotes.

Estoy seguro de que si hubiera sido uno de nuestros antecesores mayas y al caminar por la selva me hubiera encontrado un cenote, me hubiera quedado todo el día admirando su belleza y tratando de explicar qué era esa joya que veía. En estas líneas, y gracias a la ciencia, ahora sabemos cómo nacieron esas bellezas; antes, era imposible darle una explicación, por lo que consideraban esos lugares de la Madre Tierra como un regalo divino.

Los antiguos mayas tenían una conexión muy fuerte con los cenotes, pues los consideraban la entrada al inframundo. Se han encontrado ofrendas de oro y jade que los mayas ofrecían a los dioses. Para ellos los cenotes eran símbolo de la dualidad: representaban la vida y la muerte. También se creía que los dioses de la lluvia habitaban los cenotes. Y así

como los cenotes representaban la vida, también representaban la entrada al mundo de los muertos: el Xibalbá.

Como puedes ver, los cenotes siguen presentes en la actualidad y son más importantes que nunca. Son testigos si-
lenciosos del pasado, de nuestra historia, y en su interior hay
información invaluable acerca del desarrollo del planeta, de
nuestra especie, así como de la cultura maya.

Mi re-conexión con la tierra

Desde el inicio, al organizar mi viaje a Mérida la Navidad del
2019, sabía que sería un viaje muy especial. Uno de mis amigos de Mérida, Alex, amante de las experiencias extremas,
me llevó a estos cenotes, y aunque ya había visitado exte-
riormente algunos otros, ese día cambió mi vida.

Esa experiencia la viví rodeado de mis mejores amigos.
Llegamos a un gran terreno con una casa de campo al centro
y un gran árbol que nos daba la bienvenida. Sentí que ese árbol majestuoso me quería decir algo desde un principio, ¡no
tenía idea del secreto que me aguardaba!

Esa mañana empezamos poniéndonos el equipo para bajar al primer cenote, tomamos la bicicleta y recorrimos varios kilómetros hacia el primero de ellos. Me llama mucho
la atención que estas joyas no se encuentren a simple vista,
cuando observas el terreno parece que todo es selva, pero
conforme te vas acercando primero ves el gran hoyo en la
tierra y después puedes ver el agua turquesa, y los rayos del
sol te permiten imaginar su profundidad a través del agua
azul intenso. Bajamos por unas escaleras de madera muchos
metros hasta llegar al agua. A partir de ese momento empecé
a sentir que ese día no sería como cualquier otro.

Siempre me ha fascinado la naturaleza, después de tantos años de dedicarme a la industria del entretenimiento, con tantas luces artificiales y tanta frialdad, encuentro en ella un alivio que me recuerda que esto es real, mágico y no concibo algo más bello que estar cerca de espacios naturales, en lugares donde escucho el mar o las hojas de los árboles que el viento mueve. Cuando estaba nadando dentro del cenote experimenté esa sensación.

Sin embargo, antes tengo que contarte de Alicia, nuestra guía, una mujer extraordinaria que fue pieza clave en este día de re-conexión para mí. Alicia nos explicó las características de ese cenote, nos prestó un esnórquel y cuando metí la cabeza al agua y vi el fondo, fue alucinante, definitivamente es algo que tienes que vivir. Te explico, cuando los rayos del sol iluminan un cenote y la luz atraviesa el agua, puedes ver hasta lo más profundo de éste, es impresionante porque el agua es tan cristalina que puedes tener la sensación de estar volando; aproximadamente en ese cenote había 30 metros de profundidad. También había un árbol cuyas raíces estaban en el agua y se sumergían muchísimos metros, así que yo tenía la hermosa sensación de que todo estaba flotando, de verdad, era algo tan difícil de ver, tan poco común, que me sentía vivir en otra realidad totalmente fascinante.

Todo eso me llevaba a un estado de sensibilidad que pocas veces siento y que sólo experimento cuando estoy tan cerca de la naturaleza. Después de un par de horas de disfrutar ese lugar con mis amigos y Alicia, salimos para tener la experiencia que cambió mi vida.

¿Cuál era la sorpresa de la que tanto nos había hablado Alicia? No lo sabía en ese momento, pero confié totalmente en ella desde el primer instante. ¿Les pasa eso? A mí muy seguido, a veces cuando veo a una persona y la siento genuina puedo leerla fácilmente y, lo mejor de todo, puedo sentir la nobleza de su corazón. Ésas son las personas que dejo entrar a mi vida, porque en ellas puedo confiar y entregar también mi corazón. Hoy Alicia y yo somos grandes amigos.

Ese día lo único que sabía era que haríamos una actividad al final que se llamaba "El salto de la confianza" ¡Por Dios! Eso daba miedo. Bueno, a veces simplemente confiar da pavor. Casi al atardecer Alicia nos explicó en qué consistía la experiencia que viviríamos, o por lo menos, nos dio algunos detalles.

Entraríamos a un cenote subterráneo que estaba justo debajo de nosotros y se extendía por todo el terreno principal, por debajo de la casa y del gran árbol frente a ella, el mismo árbol del que te platiqué al principio, que sentía era muy especial.

El atardecer era espectacular, los que viven en Mérida saben que los mejores atardeceres pueden encontrarse ahí. El escenario era perfecto para experimentar algo nuevo, diferente y con una buena dosis de misterio. Lo primero que hicimos fue una ceremonia maya para limpiar nuestro espíritu ya que, como conté, los cenotes son lugares sagrados. Estas ceremonias están llenas de simbolismo que conectan con el universo, elementos de la tierra y con los dioses mayas para crear una unión espiritual.

Para mí era espectacular vivir una ceremonia de este tipo por primera vez. Hicimos una fila en unas escaleras afuera del cenote subterráneo, la consigna era entrar de uno en uno a través de una pequeña puerta de madera. Sobre esa puerta había un "aluxe" a quien debíamos pedir permiso para entrar. Los aluxes en la mitología maya son pequeños duendes o elfos que viven en lugares naturales como selvas, grutas o cenotes. Son muy semejantes a los humanos, pero de tamaño pequeño. Actualmente en algunos lugares de Yucatán las personas siguen haciéndoles altares para que les ayuden con las cosechas de maíz, llamar a la lluvia y vigilar los campos por las noches.

Se pide permiso a los aluxes si entras a un lugar sagrado para que no te hagan maldades. Se dice que estos seres protegen a los viajeros que dejan ofrendas en los lugares que visitan.

Una vez que empezaron a entrar mis amigos a este lugar, uno por uno, no sabíamos que pasaría con ellos. Alicia, nuestra guía, ya se encontraba dentro. Nadie sabía nada de lo que ocurría. Así llegó mi turno, pedí permiso al aluxe y entré por aquella puerta sin saber qué me esperaba. Sentí una humedad como nunca, hacía demasiado calor y sudaba muchísimo. Cuando me abrieron la puerta entré a una caverna completamente oscura, todo era negro, como si estuviera con los ojos cerrados en la noche.

Adentro había otro guía, quien me dio indicaciones de seguir derecho y me advirtió que tuviera cuidado con la cabeza porque el techo era bajo, no podía estar completamente erguido. Yo avanzaba tocando las paredes con mis manos para ir encontrando el camino, hasta que escuché a Alicia decir: "A partir de este momento ten cuidado porque el camino se acaba, cuando llegues al fin tendrás que saltar y confiar". ¡Qué! ¿No hay más instrucciones? ¿Saltar a dónde?, me preguntaba. Suponía que saltaría al agua, pero ¡no veía nada! ¿Cuántos metros de altura serían? En ese momento sentí miedo, pues soy totalmente visual, ustedes saben que me fascinan los deportes extremos, he realizado todos los que se puedan imaginar, pero uso mis sentidos para tomar decisiones.

En el momento en que sólo con el contacto de mis pies descubrí que estaba al final del camino, me dije: "¿Qué estoy haciendo? ¿Es necesario arriesgarme?" Alicia me dijo que cuando quisiera podía hacer "El salto de la confianza"… bueno, tomé aire y lo único qué pasó por mi mente fue que estaba viviendo una experiencia nueva y tuve que confiar en Alicia, que me había puesto en esta situación. La confianza era una prueba para mí, de querer hacerlo o no. Mis pies temblaban y tardé 15 o 20 segundos en simplemente… ¡saltar!

Una cosa tan pequeña como ésta puede cambiarte la vida, porque así es este camino, son esas cosas nimias las que te marcan, muchos pasan años esperando una gran señal que los haga cambiar su rumbo. Pero quizá sean esas pequeñas cosas las que hacen grandes cambios en nosotros. Ese "salto", literal, significó mucho para mí porque fue el comienzo para vivir lo que seguía de una forma completamente nueva.

¿Qué pasó ahí dentro? No puedo contarte más, sólo te diré que lo ocurrido provocó una transformación total de mi ser. Después de esa experiencia, al salir del cenote completamente desarmado e hiperconectado con el TODO, me prometí que tendría que compartir esa vivencia con mi familia y la gente que más amo. Así que ya te imaginarás que al regreso de ese viaje espectacular de Navidad, le conté a toda mi familia lo sucedido; mi hermana y yo pusimos fecha para regresar a que ella viviera conmigo esa experiencia, lo que sentí y cómo me transformó. Y así fue que semanas más tarde regresamos juntos a ese lugar.

Después de ese viaje a Mérida mi existencia cambió completamente, vi la realidad de diferente manera y comencé a darle más valor a las pequeñas cosas de la vida. Alguien me preguntó si lo ocurrido había sido un despertar para mí y siempre que comparto esta experiencia respondo que sí, pues por primera vez me sentí íntimamente conectado con la naturaleza y con absolutamente todo. Me convertí en un hombre mucho más sensible y con una responsabilidad enorme de compartir mis sensaciones con la gente más cercana a mí.

TWEETS CON MAGIA

Extraño esa mirada que sin poder dominar baja por tu nariz y termina en tus labios.

Acércate al arte para sanar emociones. Guarda este tweet de por vida y úsalo cuando tu corazón esté enfermo.

Hoy en día todos quieren compartir lo que hacen, dicen y sienten con todo el mundo en redes sociales; me siento AFORTUNADO de guardar momentos de mi vida sólo para mí y nadie más.

¿QUÉ PASA? Me encuentro cada vez más historias de gente que estudia una carrera y la quiere dejar o de graduados trabajando y dejando lo que hacen por perseguir su verdadero sueño... ¿POR QUÉ NO LO HICIERON DESDE EL PRINCIPIO? ¡NO HAGAN NADA QUE NO LES APASIONE!

Si supiera la gente que nada me sorprende más que una interesante charla y una sonrisa sincera, se ahorrarían mucho tiempo y esfuerzo intentando asombrarme.

Quédate a lado de los que creen en ti cuando aún no lo hayas logrado.

El arte es medicina. ¡Clic!

Las grandes estrellas del cine ahora están en la pantalla chica. La industria cambió, está en constante movimiento. Cuando piensas que lo sabes todo, no sabes nada (ojo, productores y directores de empresas de entretenimiento o medios).

Primer avión del año. Éste será un año donde gran parte del tiempo estaré en el aire. Volando, como me gusta. Ligero como la pluma de un águila. ¡Acompáñame!

Si quieres un año lleno de emociones, empieza por hacer todas y cada una de tus locuras.

Gracias, música, por existir en mi vida.

Es impresionante como una buena comida puede cambiar mi estado de ánimo.

Criticar es la característica principal de una persona resentida. Lo que no saben es que entre más lo hacen, más puertas se cierran. Una persona resentida jamás triunfará.

Compararte con otra persona SIEMPRE te hará daño, sufrirás. ¿Sabes por qué? Porque JAMÁS serás esa persona. Ocúpate de ti, sé original, valórate, construye tu seguridad.

Jamás cambiaría lo que me hacen sentir ustedes que me han acompañado a lo largo de mi vida. Tengo la bendición de VIVIR de lo que siempre soñé y de tenerlos a ustedes, que me acompañan en cada paso que doy. Una persona común jamás entendería lo que significan para mí.

Oscar Wilde escribió en uno de sus libros: "Me he acostumbrado a amar el secreto. Es lo único que puede hacernos la vida moderna misteriosa y sorprendente", y tiene razón. ¿Para qué presumir públicamente lo que realmente es tuyo? ¿Por algún miedo?

Si te das cuenta, cuando la gente te ve mal, te trata mal. Así que si quieres que te traten bien, tienes que verte bien. A las personas que se victimizan SIEMPRE les va peor, y después les resulta difícil salir de ese círculo. Como te ven, te tratan.

EL AMOR COMO MEDICINA

Y al final, yo, Andrea, entendí que debemos atender y cuidar nuestra mente y sus emociones. Sí, debemos cuidar tanto nuestro cuerpo hasta convencernos de que es nuestro único y real templo donde anida nuestra alma y corazón. Pero al final, al final de estos grandes personajes que somos y que buscamos reencontrar una y otra vez, descubriremos que somos lo que nuestra mente racional no puede llegar a comprender. Somos más que lo que vemos y tocamos. Somos espíritus envueltos en un gran misterio donde todos estamos conectados. Donde todos somos parte de un todo. Donde yo soy tú y tú eres yo, porque lo que veo en ti, existe en mí y viceversa.

Son muchas las herramientas que podemos adquirir para tener una vida más plena, con emociones mejor gestionadas y un cuerpo más saludable que nos ayude a sostener nuestras experiencias humanas. Ahora he llegado a la conclusión de que lo que realmente cura al ser humano es el amor. Sí, así de romántico, así de trillado, pero así de real. Sanamos cuando amamos y somos bien amados. El amor es una medicina natural que cubre de esperanza nuestros huecos emocionales y acaricia con inspiración nuestras heridas y cicatrices por las batallas de la vida. Ese amor que existe en varios grados, oscilante entre dos extremos que podemos llamar "amor pequeño" y "amor grande".

El amor pequeño es el que sentimos hacia las personas que queremos y nos importan en la vida. Es un amor que nace condicionado por el objeto en donde recae y para mantenerlo necesitamos cierta satisfacción. Lo que amamos (con una intención linda, sí) en realidad es la satisfacción que nos produce un combo de características individuales con un grado de alma. De hecho, si ese amor comienza a comportarse de una forma que nos incomoda, no tardamos mucho tiempo en desconectarnos de éste y hasta empezamos a sentir rechazo.

El amor grande es un amor consciente y no está condicionado por ninguna conducta. Es el amor que brota de la esencia profunda del Ser. Es un amor universal sin preferencias, que se derrama desde la consciencia de unidad, la separación no existe. Desde aquí, reconocemos ese amor como un estado de consciencia cuyos efectos actúan en la presencia. Recuerda:

> Comenzamos el camino con el amor que tenemos y llegaremos con el amor que somos.

El amor que somos tiene que ver con la compasión en su sentido más profundo y humano. La compasión es el anhelo profundo que florece en nuestro interior para aprender a disfrutar la belleza del ser. El hecho de que descubramos herramientas para liberarnos de la ignorancia y despertar cada vez más hacia una vida consciente es un movimiento que a todo corazón abierto le gusta compartir y ofrecer.

El ofrecimiento del amor hacia otros y hacia nosotros deriva del amor que somos y reconocemos en nosotros, y no de nuestro ego, que busca la comodidad. Al final, el amor es lo que cura. Lo que nos mueve. Lo que nos inspira. Es ese detonante que nos dispara hacia la realización individual. El amor es un estado de consciencia que nos conecta con nuestra profundidad. Nos alienta a descentralizarnos y abrirnos al mundo compartido mientras nos acomodamos en una autoaceptación genuina y amorosa.

TWEETS CON MAGIA

Aprendí que la gente que más habla es la que menos hace. Por eso creo más en la gente silenciosa.

En el momento en que dejas de juntarte con gente pesimista, envidiosa y que sólo critica a los demás, mágicamente tu vida cambia. Este año ha sido el mejor de mi vida por la gente que me rodea, mis amigos han sido un factor clave para disfrutar cada uno de estos días.

Últimamente la respuesta que más escucho a "¿Qué te gustaría hacer en el futuro?" es: "Quiero ser influencer, ser famoso." Creo que se perdió el valor del trabajo y del esfuerzo para llegar a las metas, la gente piensa que las cosas son fáciles o se dan rápido.

De vez en cuando me gusta hacer cosas que levantan críticas de haters sólo para que ellos también se diviertan.

La persona más importante para mí es la que más aprendió a reír.

Dicen que soy extraterrestre, que si me drogo, que si tomo algo raro... simplemente soy una persona a la que le APASIONA su trabajo, y su grandioso equipo. Por eso puedo hacer todo lo que hago profesionalmente.

Sí tú no sales de tu casa con una sonrisa, ¡ni creas que la vida te va a sonreír! Así que ya sabes qué hacer si quieres que te vaya bien este día.

Quejarte es usar energía que puedes emplear para TRABAJAR y CAMBIAR las circunstancias.

Deposita tu FE en cuarzos, signos zodiacales, aromas, flores, amuletos, etcétera, vamos a ver cuánto pueden hacer por ti. Pero te aseguro que cuando la FE venga desde el conocimiento de tu POTENCIAL como ser humano, verás resultados INIMAGINABLES.

No puedo dejar de sorprenderme por el cariño de la gente que se acerca a mí y me dice cosas tan lindas simplemente porque me vieron durante años en televisión. Ésa es la verdadera "magia de Disney", pero muy pocos artistas en el mundo saben de lo que hablo realmente.

Muchas personas creen que las OPORTUNIDADES llegan por casualidad o —peor aún— por "suerte". Pocos saben que las oportunidades llegan cuando hay un CAMBIO en nuestra mente, cuando descubres en ti el POTENCIAL ABSOLUTO de tu destino.

Mi secreto: pongo más atención a lo que las personas NO DICEN que a lo que dicen. Por eso la gente que no habla tanto me parece más interesante y atractiva.

Cuando sabes lo que es REALMENTE importante en la vida, en ese preciso instante tu existencia se vuelve fácil y plenamente feliz.

Hay personas que el único ejercicio que deberían hacer en su vida es ¡SONREÍR!

Sería increíble si en lugar de armas los jóvenes compraran instrumentos musicales.

Todo a su tiempo. ¿Puedo hacer que un proyecto explote y se vuelva un éxito inmediato?, claro que sí. Pero a veces hay proyectos que debemos dejar que maduren naturalmente para que se consoliden y exploten de forma permanente, porque en este medio la PERMANENCIA es la que gana.

LAS PEQUEÑAS COSAS SON LAS MÁS IMPORTANTES

En estas páginas te hablaré de las pequeñas cosas que hacen mis días grandiosos. Me vino a la mente esto porque, mientras escribo, estoy disfrutando de momentos que me hacen muy feliz y siento una gratitud inmensa. Un té, mi fruta favorita, mi iPad para leer y escribir, y una mañana de domingo espectacular en Mérida, Yucatán.

Disfruto muchísimo el viento fresco que sopla y refresca mi cuerpo, así como los primeros rayos del sol que van tocándome. ¡Clic, momento perfecto! Y son justo estos instantes los que me hacen tan feliz, sólo unos minutos que no se van a repetir (porque jamás, ningún momento es igual, lo mismo que en el teatro), momentos que ni con todo el dinero del mundo se pueden comprar, porque "justo las cosas que no se pueden comprar son las que más valor tienen" (lean varias veces esta frase). Porque, podrás tener todo el dinero para un entorno soñado, pero experimentar la sensación de total plenitud y felicidad es muy diferente, es un trabajo interno de consciencia sólo para *avanzados*. No te preocupes, estoy seguro de que al terminar de leer este libro pasarás del nivel *amateur* o *intermedio* (si ya trabajaste en ti y tu consciencia) al nivel *avanzado*, el primer paso es realmente querer un cambio en ti y sé que lo deseas, por eso tú y yo estamos aquí.

Te quiero confesar que esta versión mía no es la que siempre ha existido o has conocido. Los años me han hecho madurar, quizá de forma repentina por la experiencia de vivir solo cuando estaba muy chico y en un país muy alejado de mi familia. Pero además de eso, creo que llegó un momento en mi vida en que necesitaba dar vuelta en "U" de manera urgente, porque iba en un camino equivocado que no me hacía bien ni feliz. Y no pienses que mi vida era una catástrofe, como las historias que se ven en el programa de televisión *En sus batallas*. Al contrario, mi vida era "fantástica", tenía "todo", pero sentía que vivía sin rumbo, con una sensación de vacío, y lo peor de todo es que a simple vista parecía que todo estaba bien (recuerda lo que mencioné sobre el entorno), pero no había trabajado en mi interior como ahora, lo cual me hace ser el hombre feliz y pleno que soy ahora.

Y no creas que fue fácil llegar a sentirme absolutamente bien a pesar de carencias y malos ratos. Pero sí puedo decirte que hubo un ¡clic! Y luego hay que empezar a trabajar en ti, a echarte un clavado sin miedo a tu interior; pero sólo si te hablas con sinceridad, tocando, o mejor dicho ABRAZANDO tus miedos, aceptándolos, enfrentándolos, así empezarás a trabajar desde un punto que te traerá buenos resultados.

Siempre es buen momento para echarte el primer clavado. De hecho, éste es un gran momento para cerrar los ojos, dejar de leer por unos minutos y ver qué sientes… ¡Hazlo, verás que tendrás buenos resultados, nos encontramos más adelante…!

Hola, bienvenida o bienvenido de vuelta. Antes que nada, quiero felicitarte por hacer ese clavado (introspección) en ti. Como te dije, siempre es buen momento para hacerlo por primera vez. Tal vez en este instante estés sensible y con distintas emociones o sensaciones y créeme, está bien. A veces entrar en nosotros puede ser una experiencia que nos dé miedo, porque no sabemos qué podemos encontrar, pero siempre será bueno, pues es el primer paso para empezar a trabajar en ti, algo que nadie más puede hacer; podrás decir que un psicólogo, pero mi hermana Andy, que es una extraordinaria psicoterapeuta, no me dejará mentir, ese trabajo interno debe nacer de ti.

Entonces ¿cómo fue mi cambio? Fue un trabajo gradual, empecé a relacionarme con las personas indicadas y a leer libros que me ayudaron a experimentar esa transformación en mí. Uno de ellos fue *El poder del ahora*, seguramente has escuchado hablar de él, porque es uno de los más vendidos en el mundo y ha sido traducido a más de 30 idiomas. Fue escrito por Eckhart Tolle, un autor alemán. Además de libros como éste, leí muchos otros y subrayé frases que me impactaron. También dejé de convivir con personas que no me sumaban nada; luego empecé a incorporar a seres con una inteligencia emocional evidente. Esas personas me sumaban felicidad y me hacían sentir bien, además aprendía mucho de ellas.

Después de un tiempo de incorporar a mi vida todos esos conocimientos y a esas personas, llegó el momento del ¡clic! del que te hablé antes, y la vida adquirió otro sentido. En ese instante empezaron a llegar un sinfín de bendiciones, y unas cosas buenas trajeron otras mejores y esto aún no termina.

¿Cuáles son esas pequeñas cosas que no tienen precio y te hacen muy feliz? Vamos a hacer algo, yo haré mi lista de 10 cosas que me hacen muy feliz y después tú escribe la tuya.

1. Estar dentro del mar.
2. Ver atardeceres (tan bellos como en La Paz, Baja California Sur).
3. Escuchar música.
4. Caminar sin prisas, sin ir a ningún lado en particular.
5. Hacer ejercicio.
6. Reír con mis amigos hasta que me duela el estómago.
7. Abrazar a alguien que quiero.
8. Acostarme en mi sillón a ver una serie o película.
9. Cantar en la regadera mientras me baño.
10. Tomar una taza de té sin prisa.

Ahora es tu turno:

_____

_____

_____

_____

_____

_____

_____

_____

_____

_____

_____

_____

Cada vez que sientas que no tienes un buen día (porque es normal), vuelve a leer tu lista de las 10 cosas que te hacen feliz y haz dos o tres de ellas, verás como tu día cambia por completo.

Sé que a veces es muy difícil, sobre todo al principio, cuando experimentas los cambios por primera vez. La presión cultural y social nos ha llevado a creer que un título, una posición financiera o un puesto en una empresa es lo que nos otorga la felicidad. Pero la pregunta es ¿qué seríamos entonces si eso desapareciera?

Y créeme, no está mal el cheque a fin de mes, ni un buen puesto en una empresa, lo que resulta equivocado es condicionar nuestra felicidad a eso, porque todo lo que mencioné está hecho de momentos efímeros, por lo tanto, no pueden ser el sostén de nuestra felicidad o nuestra vida.

Ese pensamiento efímero me ha ayudado muchísimo a ser más feliz. Dentro de mi filosofía se encuentra la frase "nada es para siempre", por eso disfruto con intensidad los buenos momentos o proyectos, así como los viajes o las horas dentro del mar. Una vez escribí un tweet muy polémico que causó varias notas de prensa, las cuales afirmaban que pronto saldría de *Venga la alegría*. Esto fue lo que publiqué el 15 de agosto de 2021:

> Siempre que trabajes en una empresa como empleado, mi recomendación es: NUNCA te acostumbres a calentar la silla donde trabajas, porque un día estás y otro ya no. Con lo único que te quedas es con la satisfacción de haber ayudado a crecer a la gente que estuvo bajo tu liderazgo.

Con este tweet no hablaba de nada en específico, mucho menos de que quisiera dejar el programa, sólo quise compartir con ustedes mi pensamiento, un poco de mi filosofía "nada es para siempre". Pensar así me ha ayudado muchísimo a DISFRUTAR (así con mayúsculas) absolutamente todo. Sé que hoy tengo trabajo, pero también sé que puedo perderlo ¡y me vale!, sé que afortunadamente hoy tengo con vida a mis padres, pero también sé que no son eternos ¡y lo comprendo!, sé que hoy estoy sano y fuerte, pero también sé que no siempre será así ¡y no puedo cambiar eso! ¿Me explico? Nada es para siempre, ni las cosas buenas e increíbles que pasan en tu vida, ni esas cosas malas que nos ocurren. Por eso cuando sucede algo que no me gusta en mi vida, sé que pasará, porque NADA ES PARA SIEMPRE. Por eso el camino a la felicidad es completamente inverso a lo que creemos o nos han enseñado, inclusive se puede obtener mucho, pero mucho más de lo que imaginamos si lo recorremos de la manera que propone Albert Schweitzer:

> "El éxito no es la clave de la felicidad.
> La felicidad es la clave del éxito.
> Si amas lo que haces, entonces serás exitoso."

Aquellos que hacen todos los días lo que les gusta están en paz y viven muchos momentos de felicidad, suelen triunfar en el resto de los desafíos de la vida: en las relaciones, con la familia o en el trabajo. No tengo la menor duda del estudio realizado por Sonja Lyubomirsky, de la Universidad de California, porque así vivo desde hace años. Ella indica que cuando las personas se sienten felices, tienden a ser optimistas, energéticas y a tener confianza en ellas, lo cual conlleva a que el resto encuentre a estas personas más agradables, sociables y confiables.

TWEETS CON MAGIA

¿Crees que ya estás viejo?, estás en lo cierto. ¿Crees que eres joven?, ¡también estás en lo cierto!

Las cosas buenas les suceden a las personas buenas y de buen corazón. Graba bien este mensaje en tu mente.

La gente con dinero, insegura y poco inteligente se vuelve PREPOTENTE (siempre quiere mostrar su dinero). La gente con dinero, segura y con la sabiduría de comprender el valor real del dinero se convierte en un ejemplo extraordinario para muchas personas altruistas.

Se acuerdan en el colegio qué mal caía el típico niño que levantaba siempre la mano para responderle al profesor... lo mismo me pasa con los conductores de TV o radio que se lucen dando datos. El personaje del "sabelotodo" nunca cae bien y jamás conectará con el público.

Hay un momento en la vida en que la espiritualidad y la consciencia deben ser prioridad. Llegar a una vida adulta y ser una persona insensible, desagradecida y materialista es un DESPERDICIO. Los años tienen que darte SABIDURÍA.

¿QUÉ ES "MADURAR"?: ¿Seguir patrones para encajar en el modelo de una sociedad? ¿Dejar de jugar en todo momento? ¿Moderar mis emociones en público? ¿Darle vueltas y vueltas en mi cabeza a preguntarme si quiero arriesgarme? ¿Sufrir el peso de las responsabilidades?... NO, entonces ¿por qué veo a gente "madura" tan amargada?

Sin importar quien seas, el MIEDO siempre querrá hablarte. El problema no es escucharlo, el problema es ponerle atención a lo que te dice.

Si vives con rencor hacia una persona, tarde o temprano te enfermarás por dentro. Es tu decisión si quieres guardar ese sentimiento dentro de ti o no.

El triunfo de uno es la frustración de muchos.

Es terrible que existan mexicanos que se avergüenzan de su propio ORIGEN, cuando en realidad gracias a nuestras raíces somos quienes SOMOS; además, vivimos en una tierra muy NOBLE y MARAVILLOSA. Creo que nos falta educación, amor propio. Falta amor por nuestro país.

Una persona OPTIMISTA es alguien muy inteligente. Por eso me gusta rodearme de seres optimistas y darles la vuelta a los pesimistas.

Sólo los que sabemos que las cosas que hacemos son para nosotros y no para darle gusto a nadie entendemos lo fácil que es ser feliz todos los días.

Cuando tus prioridades dependen de otras personas, lamentablemente no la pasarás muy bien en ocasiones. Cuando tus prioridades dependen de ti, ¡serás muy feliz SIEMPRE!

Las cosas que realmente importan en la vida no tienen precio. Con esto puedes darte cuenta entonces de lo que realmente NO IMPORTA.

Piensa, si hoy fuera tu último día de vida, sentirías que ¿fuiste extremadamente feliz? La verdad no sabemos cuánto tiempo más estaremos aquí, por eso VIVE con gran PASIÓN, para que cada noche cuando vayas a dormir digas: "¡Amo mi paso por la vida!" Agradece y pide por un día más.

SECRETOS PARA VERSE SIEMPRE JOVEN

Adquirir desde
jóvenes tales o cuales
hábitos no tiene poca
importancia: tiene
una importancia
absoluta.

ARISTÓTELES

"¿CÓMO LE HACES PARA VERTE TAN BIEN?"

Desde el Rey sumerio que según afirman reinó durante 126 años hasta Matusalén, el patriarca del Antiguo Testamento que dicen que vivió hasta los 969 años, lo que más interesa de sus historias fascinantes es el misterio de la longevidad.

No hay leyes biológicas, químicas o físicas que dicten que la vida tiene que terminar. Si el envejecimiento es un aumento de la "entropía", una pérdida de información que conduce al desorden, entonces la vida, en potencia, puede durar para siempre mientras se conserve la información biológica esencial y se absorba energía de algún punto del universo.

Desde que compartí en mis redes sociales que escribiría un nuevo libro pregunté a mis seguidores: ¿Qué les gustaría saber? ¿Puedo aportarles algo valioso a su vida? Siempre, desde que hemos crecido juntos, han llenado mi vida con muchos mensajes que me han inspirado a seguir adelante en mi carrera, aún en los momentos más difíciles de mi vida. Y no sólo en redes sociales, también cuando tengo la oportunidad de encontrármelos en las calles o en algún viaje.

Y no es sorpresa para mí que, con frecuencia, cuando los veo personalmente me pregunten: "¿Cómo le haces para verte tan bien?" Primero debo confesar que su pregunta hace que me ponga rojo como tomate, después respiro y les respondo: "Me cuido mucho, evito estresarme y mantengo una actitud positiva." Y es verdad, aunque detrás de eso hay mucho más y, seguro a través de estas páginas ya te diste cuenta, es difícil resumirlo en una frase, ¿o no? Pero en este capítulo quiero detenerme especialmente a responder esta pregunta desde una forma más científica o médica, pues me fascina la medicina en general.

Cómo comenzó el misterio de mi edad

Hasta no hace mucho tiempo, las personas en las calles no me preguntaban cuántos años tenía. Todo se desató justo en el 2020 cuando los youtuber Pepe y Teo en uno de sus videos empezaron a realizar cálculos de mi edad. Cuando vi su video moría de risa, tengo que decirles que ellos ya habían visitado varias ocasiones mi show de YouTube y tenemos una buena amistad. Pepe y Teo son de las estrellas de contenido digital más trabajadoras que conozco, y como artistas frente a cámara o en escenario son dinamita.

Bueno, ese video detonó todo para que justo en mi cumpleaños de ese 2020 fuera tendencia en México el tema sobre mi edad en meses, realmente moría de risa con mis amigos al ver los cálculos que subían sobre mi supuesta inmortalidad o cuando decían que me veía igual que hacía 10 años. Ese año ya trabajaba como conductor en *Venga la alegría*, y pasaron sólo algunos días para que Capi Pérez, a quien admiro y quiero mucho, empezara a hacer parodias sobre mi edad. Uno de los videos que el Capi me hizo y que más risa me da tiene medio millón de reproducciones y se llama "El Capi exhibió la verdadera edad de

Roger Gonzalez", lo pueden encontrar en YouTube. El loco del Capi hizo un blooper en donde terminábamos *Venga la alegría*, me despedía de mis compañeros, llegaba a mi camerino y ahí me quitaba la peluca, la faja y hasta la dentadura (yo no paraba de reír al verlo); pero no es todo, luego una persona entraba a mi camerino y me veía todo "desarmado" y el productor decía, "Confirmado, sí es un viejito, es un viejito", ¡es buenísimo, cada vez que lo veo me río más! ¡Soy un viejito en el cuerpo de un joven!

Tengo que confesarlo, jamás pensé que mi apariencia o mi edad serían un tema en mi vida profesional. En el programa me empezaron a apodar "El Siempre Joven", y a partir de ese momento, ya te imaginarás, el misterio sobre mi edad creció y hasta el día de hoy seguramente tú tienes la misma incógnita.

¿Por qué no dices tu edad? Me preguntan muchas veces, y la respuesta es muy sencilla: ¡Me encanta la historia que han creado en televisión con este tema! Es divertido, y ponerle fin a eso sería "matar el chiste", como se dice en la comedia; ¿ahora qué inventaría El Capi? bueno, tratándose de él, seguro se le ocurrirían otras mil ideas, es un genio y uno de mis mejores amigos dentro del programa.

La verdad no tengo ningún tema con mi edad, amo la edad que tengo porque cada año y cada etapa de mi vida he sabido aprovecharlos al máximo. Lo más importante para mí no es cómo me veo, sino cómo me siento. Porque el cómo te ves es resultado de tu trabajo interior, y en este capítulo descubrirás algunas de las investigaciones más recientes y artículos publicados sobre cómo controlar el proceso de envejecimiento para verte y sentirte bien. Es un tema muy interesante para mí y he decidido investigar durante muchos meses al respecto para que tú puedas seguir la misma filosofía que yo, la de "siempre joven".

Sin duda, varios autores me han marcado y sus investigaciones han resonado en mi cabeza; por largo tiempo he puesto muchas de ellas en práctica, ¿te animas? Prepárate para leer uno de los capítulos más polémicos e interesantes de este libro. Te recomiendo ir tomando nota, abre tu mente y déjate romper algunos estereotipos e ideas que has aprendido. Al fin y al cabo ésa es la recomendación de todo científico, permítete abrir tu mente como la de cualquiera de ellos.

Siempre joven: desde la ciencia

En este capítulo encontrarás valiosos secretos para vivir más años, eso significa vivir mayores experiencias y más tiempo con la gente que amas. Debes saber que como especie humana ahora vivimos más que nunca, pero no mucho mejor. Sí, es verdad que con el avance de la ciencia y la medicina del último siglo hemos ganado años de vida, pero no en las mejores condiciones.

Muchas veces me preguntan: ¿Hasta qué edad quieres vivir? Y sin dudarlo digo; ¡Hasta los 100 o más! Pero cuando les hacen esa misma pregunta a otras personas que están a lado de mí, dicen: ¡Estás loco, no hay forma! Y no los culpo, la mayoría hemos visto cómo han sido las últimas décadas de vida de miles de personas. Piensa en tus abuelos y cómo vivieron sus últimos años. Espero que no sea tu caso pero generalmente esos últimos años no fueron tan atractivos: caderas rotas, respiradores, una alacena llena de medicamentos, pañales para adulto, quimioterapias, quizá una cirugía tras otra, gastos médicos, etcétera. Se nos ha hecho normal ver a nuestros ancianos sufrir una enfermedad tras otra al final de su vida.

Apréndete este nombre: David A. Sinclair, es profesor de genética en la Facultad de medicina en Harvard, ha escrito muchos artículos que me han cambiado la vida y la forma en que veo el proceso de envejecimiento. El punto no es desaparecer el envejecimiento, quizás se trata de alargar la juventud. No sólo algunos años, sino décadas.

¿No te lo has preguntado antes? ¿Y si podemos seguir jugando como niños sin preocuparnos por tener que hacer las cosas que quitan a los adultos demasiado tiempo? ¿Qué pasaría si dejáramos de comprimir todas esas cosas que nos pasan en la adolescencia? ¿Y si dejáramos de apurarnos por ser adultos porque a los 25 o 30 años la sociedad dice que ya tienes que casarte y formar una familia? ¿Qué pasaría si a los 40 se nos hace buena idea reinventarnos?... ¿Y si no fuera necesario preocuparnos por el paso del tiempo o por cuántos años tengo?

Debo confesarte que jamás pregunto la edad de nadie, es más, no me sé la edad de ninguno de mis mejores amigos, ni me interesa saberla. En mi libro anterior, *Que la magia continúe*, hablé muy por encima del tema. No creo que sea determinante la edad para hacer ciertas cosas que la sociedad dicta que hagas en determinado tiempo. Hoy en día me incomoda un poco la gente que te pregunta qué edad tienes antes de ¿cómo estás? ¿Cómo te sientes? ¿Eres feliz?

¿Y si nos dejáramos de preocupar por la edad y el paso del tiempo? El doctor Sinclair asegura que lo dejaremos de hacer muy pronto, él ha trabajado por más de 30 años buscando verdades sobre la biología humana, y aquí te presentaré varios de sus grandes descubrimientos, tan sólo basta con verlo en muchas de sus entrevistas donde dice que tiene más de cincuenta años y se siente como un niño.

Nunca nos han enseñado a ciencia cierta por qué envejecemos, de hecho hice un experimento en mi página de Facebook y les pregunté por qué creían que envejecemos; algunas respuestas fueron: "Porque somos cíclicos." "Para darles oportunidad a nuevas generaciones." "Porque es el curso natural de la vida." "Por no llevar una vida saludable". "Lo económico es un factor", entre muchísimas otras respuestas. Y aunque estas respuestas no son falsas, tampoco conocemos la realidad del envejecimiento, y si tanto tú como yo queremos sentirnos bien, para vernos bien, debemos entender el proceso de envejecimiento. En pocas palabras, se da por una pérdida de información, más adelante lo desarrollaré con precisión de cirujano (una de las carreras que me hubiera gustado estudiar).

¿Han visto noticias de personas que han vivido más de 100 años? Bueno, para que te animes, si eres tan apasionado o apasionada de la vida como yo, ¡podemos lograrlo! Se sabe de una francesa llamada Jeanne Calment que vivió más de 120 años, lo cierto es que 99.98% de las personas muere antes de los 100 años. Tenemos que entender que no es lo mismo aumentar la longevidad que prolongar la vitalidad, pero es posible, según los médicos, lograr ambas cosas.

A mí como a ti nos gustaría la prolongación de la vitalidad, no sólo vivir más años sino que esa vida fuera más activa, más saludable y más feliz. La buena noticia es que se puede lograr.

La carrera contra el cáncer

Con mucha tristeza me atrevo a afirmar que seguramente muchos de nosotros tenemos un familiar o amigo al que le han detectado cáncer. Hace unas semanas, mientras escribía este libro, uno de mis primos hermanos, Julio, murió en sólo seis meses de cáncer de páncreas, una enfermedad horrible que se lleva a nuestros seres queridos.

El cáncer se desarrolla en cualquier parte del cuerpo y se origina cuando las células crecen sin control y sobrepasan en número a las células normales. Esto hace que al cuerpo le resulte difícil funcionar de la forma en que debería hacerlo.

Uno de los logros más prometedores de la década pasada fue la inmunoterapia. Los linfocitos T patrullan todo el tiempo en nuestro cuerpo en busca de células cancerosas para destruirlas antes de que puedan multiplicarse y formar tumores. De no ser por estos linfocitos T, todos ustedes y yo desarrollaríamos cáncer a partir de los 20 años. La inmunoterapia ataca a la proteína que se encuentra en la superficie de la célula cancerosa, es como quitarle la capa de invisibilidad para que los linfocitos T las identifiquen y las destruyan.

Te platico de esto porque la investigación sobre el envejecimiento está hoy en día en un punto similar a la del cáncer en los años sesenta. Todo parece indicar que el envejecimiento no será difícil de tratar y mucho más sencillo de superar que el cáncer.

225

Hasta la segunda mitad del siglo XX se aceptaba que "los organismos envejecían y morían por el bien de la especie", una idea de los tiempos de Aristóteles y que muchos hoy en día repiten sin pensar. Actualmente esa idea está más que descartada por médicos y científicos.

Si nuestros genes no quieren morir, ¿por qué envejecemos? Algunos biólogos afirmaban que por fuerzas de selección natural a los 18 años nuestro cuerpo alcanza su mayor construcción y potencia, pero sufre un rápido declive a partir de los 40, pues para entonces es posible que hayamos replicado nuestros genes para asegurar la supervivencia. Los genes siguen adelante, nosotros no.

Existen muchas teorías respecto al envejecimiento. Thomas Kirkwood, de la Universidad de Newcastle dijo: "Reprodúcete pronto y muere joven", o "reprodúcete despacio y mantén tu soma", es decir, el cuerpo. Kirkwood afirmaba que los organismos no pueden reproducirse rápido y mantener al mismo tiempo un cuerpo sano y robusto, simplemente no hay energía para las dos cosas; ¿te suena descabellado o familiar lo que decía?

Dicho esto, las especies contamos con recursos limitados, hemos evolucionado para concentrar la energía en la reproducción, o bien, en la longevidad, pero no en ambas. Esto es cierto para todas las especies que han poblado el planeta, menos para una: el *Homo sapiens*. Nosotros hemos sacado provecho a este cerebro relativamente grande que nos dotó la naturaleza para trabajar en medicamentos y tecnologías con el fin de tener mayor longevidad que hace muchos años.

Las últimas investigaciones sobre el envejecimiento

Hace 10 años los investigadores ocupados en el envejecimiento empezaron a conformar un nuevo modelo al que llamaron "marcas distintivas" del envejecimiento, algunas de éstas son:

- Inestabilidad del genoma provocada por daño en el ADN.
- Acortamiento de los telómeros, los extremos de los cromosomas.
- Alteraciones en el epiceno que controla los genes que actúan y los que no.
- Pérdida de proteostasis, o buen mantenimiento de las proteínas.
- Fallo en la detección de nutrientes, ocasionado por cambios metabólicos.
- Disfunción mitocondrial.
- Acumulación de células senescentes que inflaman las células sanas.
- Agotamiento de las células madre.
- Alteración en la comunicación intercelular y en la producción de moléculas inflamatorias.

¡Eureka! Los investigadores aceptaron que si se tratan dichas marcas distintivas, se puede ralentizar el envejecimiento; si se ralentiza, se pueden prevenir enfermedades, y se si previenen, se puede atrasar la muerte.

Los tratamientos que ralenticen cualquiera de esas marcas distintivas podrán añadir más años de bienestar a nuestra vida; imagínense, si se pueden tratar todas las marcas, los resultados sobre la esperanza de vida serían increíbles.

Genes de la longevidad

Se sabe y se ha comprobado que existen genes que activan la longevidad en los seres vivos.

Se ha trabajado con las sirtuinas, los mamíferos cuentan con siete de ellas; hoy en día esta clase de enzimas se encuentra en el centro de todas las investigaciones científicas y farmacológicas.

Se cree que la pérdida de NAD (dinucleótido de nicotinamida y adenina), cuando envejecemos y con el consecuente declive en la actividad de las sirtuinas, es el motivo principal de que nuestro cuerpo desarrolle enfermedades al envejecer, pero no cuando somos jóvenes. En algunos experimentos realizados con ratones, la activación de las sirtuinas ha mejorado la reparación del ADN, estimulando la memoria, aumentando la resistencia física y ayudando a que los ratones no engordaran aunque comieran mucho.

Las sirtuinas no son los únicos genes de la longevidad. Otro de ellos es la diana de rapamicina o TOR. Cuando todo va bien, TOR es espectacular en el crecimiento celular. Otro gen de la longevidad es una enzima conocida como AMPK.

Lo importante de esto viene a continuación: hay muchos factores estresantes capaces de activar los genes de la longevidad sin dañar la célula, por ejemplo:

- Algunos ejercicios.
- El ayuno intermitente.
- Las dietas bajas en proteínas.
- La exposición al calor.

Cuando estos genes están activos hacen que el resto del sistema descanse para mantenerse y que sobrevivan un poco más, ése es el comienzo de la longevidad.

Por el contrario, no hay un solo gen identificado que cause el envejecimiento, y los científicos no creen que lo encontrarán. Nuestros genes no evolucionaron para causar el envejecimiento.

El frío también activa los genes de la longevidad, exponer nuestro cuerpo a temperaturas que no son muy agradables es otra buena práctica para activar esos genes que nos harán vivir más años. La exposición al frío, por ejemplo, tiene una raíz genética que se remonta a la supervivencia. Ojo, la hipotermia no es buena para nuestra salud, pero los escalofríos o gritar una que otra mala palabra al entrar al agua helada sí son buenos. Cuando experimentamos esta sensación frecuentemente los genes de la longevidad sufren estrés y cumplen su función.

Envejecimiento prematuro

En 2004 ya conducía *Zapping Zone* en Disney Channel, y ese mismo año nos dieron la noticia que el programa se dejaría de producir en México para hacerlo en Argentina. En mi libro *Que la magia continúe* escribí lo impactante que fue para mí ese cambio tan radical en mi vida.

Sin pensarlo mucho tomé un vuelo para Buenos Aires. Despedirme de mi familia y amigos fue un proceso difícil, pero saber que estaba cumpliendo mis sueños era lo que me impulsaba hacia adelante sin ver mucho atrás.

Como sabes, viví 10 años en Argentina y mi contacto con México era a distancia, imagínate lo difícil que fue cuando aún no tenía Facebook, Instagram ni otra red social. De hecho, recién en 2004 se lanzó Facebook en Estados Unidos. Por suerte, por contrato podía hacer cuatro viajes al año a México para ver a mi familia. Lo que sí usábamos mucho era el mail, y en Argentina comenzamos a reencontrarnos por correo electrónico varios amigos de la secundaria y la preparatoria.

Los primeros años en Buenos Aires tuve contacto con algunos amigos con los que crecí en Monterrey. Me contaban que una vez al año se juntaban para ponerse al tanto de sus vidas, algunos de ellos empezaron a casarse y luego a tener hijos. Varios años me contaron de sus reuniones con algunos amigos de secundaria y prepa y me invitaban, pero no podía asistir porque vivía del otro lado del continente.

Uno de los viajes programados para visitar a mi familia coincidió con un encuentro de los que te platico, con amigos de la secundaria y preparatoria. Estaba muy emocionado por verlos después de varios años, y me acordaba perfectamente de ellos. Era sábado, yo había aterrizado en mi ciudad un día antes y recuerdo que ese día estaba muy emocionado, había pasado mucho tiempo y quería saber qué hacían de sus vidas y conocer a las esposas e hijos de quienes se habían casado.

Quiero confesarles que fue una noche bastante incómoda para mí. Lo que pensé que sería un encuentro maravilloso resultó ser una noche muy bizarra. Créeme, no teníamos más de 25 años y cuando llegué a la reunión parecía un encuentro de amigos de mis padres. No te voy a mentir, se me acercaban algunos que decían ser tal o cual que yo recordaba perfectamente que eran mis compañeros o amigos y tenía una imagen perfecta de ellos cuando éramos adolescentes, pero no coincidían en absoluto con las personas que estaban frente a mí. Imagínate, el amigo que era el "galán" y deportista de la secundaria, por el que todas las chicas se morían, esa noche parecía un "señor" con sobrepeso, sin cabello y de aspecto descuidado. ¿Qué estaba pasando? Me sentía en una serie irreal, como hoy sería *Black Mirror*. Lo más sorprendente es que la mayoría de ellos se veía igual, y para cerrar el tema, sus conversaciones eran sobre bodas, esposas y niños, definitivamente los que habían sido mis amigos en la adolescencia y yo no teníamos ya muchas cosas en común. Parecía como si empezar una edad adulta significara "no es necesario cuidarse" y de lo que en algún momento era atractivo en aquellos amigos, ya ni energía les quedaba. Esa noche regresé a mi casa jurándome que no regresaría a esas reuniones "geriátricas", pues por su actitud parecía que eran eso.

Me pregunté por semanas ¿qué pasaba conmigo? ¿Por qué no me veía igual que ellos? Y una de las conclusiones a las que llegué fue que "uno se ve de la edad que quiere tener", y no lo digo por la edad, sino por cómo te quieres sentir. Aquellos amigos que vi, sobre todo los que estaban casados, habían "tirado la toalla", pensaban que porque se habían casado tenían derecho a no cuidar su aspecto personal, y no hay nada más desagradable que estar con una persona que no se valora (en todos los sentidos), o mejor aún, no hay persona más sexy que la que se siente segura.

En Argentina aprendí muchísimas cosas, creo que formé y desarrollé mi carácter en esos 10 años en aquel país. Y entre ese montón de cosas aprendidas, hay una frase que hasta hoy en día me repito en muchas ocasiones y tiene una verdad tan fuerte que siempre que puedo decirla a alguien que lo necesita lo hago, es: "Como te ven, te tratan, y si te ven mal, te maltratan." ¡PUM! Léela dos o tres veces y créeme que te ayudará mucho más de lo que te imaginas en tu vida personal o en tu carrera. Lo curioso es que esta gran verdad la aprendí de una conductora argentina de la televisión llamada Mirtha Legrand.

Una persona que "se abandona", se ve descuidada y, peor aún, no le importa su aspecto, será tratada de la misma forma por los demás: con descuido y sin darle importancia. Tú como yo sabemos que no podemos tratar a alguien de determinada manera por su aspecto, también sabemos que en el mundo real, afuera, la sociedad se basa inconscientemente en ese aspecto para darle un buen o mal trato a una persona.

El descuido personal de quienes habían sido mis amigos en secundaria y prepa era evidente. Se veían 10 o 15 años más grandes y, créeme, ninguno de ellos tenía el síndrome de Werner, que ahora te voy a platicar en qué consiste.

El síndrome de Werner es una terrible enfermedad que aparece en menos de uno de cada cien mil bebés. Se presentan síntomas como pérdida de masa corporal, arrugas, canas, pérdida de pelo, cataratas, osteoporosis, problemas coronarios y muchos otros inconfundibles durante la etapa del envejecimiento. Y no nos referimos a personas de sesenta o setenta años, sino a personas de treinta años o pocos más. Hoy en día los investigadores han encontrado el gen que, al mutar, provoca este síndrome.

Con el paso de los años, me ha quedado claro que no es necesario tener ese síndrome para verse o sentirse de esa manera, estoy convencido de que predisponerse a envejecer es enviar una señal a nuestras células para que empiecen su proceso de envejecimiento, sin importar qué tan joven (en edad biológica) seas.

¡Quiero ser una ballena! ¡He dicho!

Me encanta leer artículos médicos, pero también veo bastantes documentales cuando tengo tiempo de sentarme en el sillón de mi casa. Y no hace mucho vi un documental que hablaba del tiburón boreal *somniosus microcephalus*, un animal impresionante que está muy emparentado con nosotros. Es casi del mismo tamaño que un tiburón blanco y alcanza la madurez sexual hasta los ciento cincuenta años. Los investigadores creen que el océano Ártico pudo ser el hogar de los tiburones boreales que nacieron antes de que Colón se perdiera en el Nuevo Mundo. De acuerdo con la datación por carbono 14, un ejemplar enorme pudo vivir más de quinientos años.

El hecho de que las células de este tiburón envejezcan o no es un debate científico vigente. Pero ¿qué pasa con otros mamíferos? Por ejemplo, nosotros.

En el 2007 unos cazadores de Alaska capturaron a una ballena boreal en la que hallaron la cabeza de un viejo arpón clavada en su interior, entre su grasa. Los historiadores determinaron que el arma se había fabricado a finales del siglo XIX, es decir que la ballena tenía unos ciento treinta años. Este descubrimiento despertó el interés de la comunidad científica y gracias a otros estudios para determinar el envejecimiento, en los cuales midieron los niveles de ácido aspártico en el cristalino de los ojos de la ballena, estimaron que en realidad esa ballena boreal tenía ¡doscientos once años cuando la capturaron los balleneros nativos!

¿Por qué las ballenas y no nosotros? Que este tipo de grandiosos animales haya sido seleccionado entre todos los mamíferos para gozar de una increíble longevidad tal vez no debería causarnos envidia. La realidad es que tienen pocos depredadores y pueden desarrollar un cuerpo longevo. Según los científicos, mantienen su sentido de supervivencia en alerta constante, reparando células mientras conservan un epigenoma estable. ¿Podrán estas maravillosas especies longevas enseñarnos a vivir más sanos y durante más tiempo?

Si no soy una ballena, ¡vamos a China!

Definitivamente, la cultura china es una de las que más me llama la atención. Siempre quise visitar China y conocer su historia, sus palacios, la Muralla china y la Ciudad prohibida. En 2017 tuve la oportunidad de viajar a este maravilloso país, fue mi primer acercamiento a su cultura, varios años antes de conocer a uno de mis mejores amigos, Ismael Zhu, "El Chino" (ganador de MasterChef); bueno, hoy es lo más cercano que estoy de esa cultura.

De las muchas cosas que aprendí en ese viaje (uno de los mejores de mi vida), supe que en China se han encontrado ciertas variantes genéticas en comunidades humanas donde las personas disfrutan de una vida más larga y saludable, como los habitantes de la cuenca del Río Rojo. Estas variantes de las que les hablo seguramente activan las defensas del cuerpo contra enfermedades y el envejecimiento, y no sólo cuando las cosas van mal, sino a lo largo de su toda vida.

Es increíble que encontremos básicamente los mismos genes de la longevidad en cada organismo de nuestro planeta: plantas, gusanos, ballenas y hasta en los seres humanos. Cuando los científicos miran por un microscopio observan que todos estamos hechos del mismo compuesto.

Envejecer es la pérdida de información en nuestras células, lo cual nos conduce a enfermedades, cáncer, dolor, fragilidad y muerte.

¿El envejecimiento es una enfermedad?

El biogerontólogo David Gems se dedicó durante un tiempo a recopilar las conclusiones de otros médicos y científicos y aseguraba que los avances en nuestro entendimiento sobre la senescencia orgánica llevan a una conclusión trascendental: "El envejecimiento no es una parte inevitable de la vida, sino una enfermedad progresiva con un amplio espectro de consecuencias patológicas." Podemos decir que según esta visión, el cáncer, las cardiopatías y hasta la enfermedad de Alzheimer y muchas otras asociadas al envejecimiento no son enfermedades en sí, sino síntomas de algo mucho mayor. O dicho en palabras del doctor David A. Sinclair "la vejez en sí misma es una enfermedad".

Si te resulta muy extraña la idea de que el envejecimiento es una enfermedad, no serás el único ni el primero. Numerosos médicos e investigadores llevan muchos años tratando de no decirlo. La vejez, según nos han dicho desde que somos pequeños, no es más que la consecuencia de la edad avanzada y siempre lo hemos visto como una parte inevitable de la vida. A medida que pasan los años, hemos cambiado la idea de que la vejez es la causa de la muerte y los médicos que lo afirman se arriesgan a despertar comentarios entre su comunidad, además de pedir de vuelta el certificado de defunción para investigar más sobre la causa del fallecimiento de las personas.

Hablemos de cosas que pueden revertir el envejecimiento

Ha llegado el momento de tomar nota de lo que te diré a continuación. Son cosas que aprendí a hacer desde hace años y estoy seguro de que me han ayudado a sentirme y verme como ahora me siento y me veo, ¡mejor que cuando tenía 20 años, te lo aseguro!

Ya hablamos de hacer ejercicio, sí, ya quedó claro eso, pero debemos ver el ejercicio como higiene personal, como lavarse los dientes. Debemos hacer ejercicio sin pensarlo dos veces. ¡Muy bien! ¡Hazlo parte de tu rutina!

Ya sabemos que fumar acelera el proceso de envejecimiento, y más rápido de lo que te imaginas. Un ojo entrenado como el mío puede distinguir fácilmente a una persona fumadora. Un fumador tiene mayor probabilidad de morir prematuramente que una persona que no fuma; mueren unos 15 años antes.

La mayoría de las personas comienza a sufrir los efectos del envejecimiento antes de que las enfermedades asociadas a la vejez las sorprenda. Internamente, a nivel molecular, empiezan cuando aún nos sentimos jóvenes. Las mujeres que llegan a la pubertad antes de lo habitual porque tienen un reloj epigenético acelerado. Cada persona alcanza en diferentes momentos el punto máximo de sus funciones corporales, pero el declive físico en general comienza entre los 20 y 30 años.

Lentamente, todos experimentamos cambios físicos. Por suerte es muy raro que tú, por ejemplo, sufras de una fractura de este tipo. A los sesenta años una fractura de cadera puede ser un acontecimiento que altere tu vida, pero no es mortal. Sin embargo, años después el factor de riesgo de una fractura así puede ser aterrador, de hecho, hay estudios que indican que una fractura de cadera a los setenta años o más puede ser mortal. Con las heridas la historia puede ser parecida. De niños las heridas se curan con un beso de mamá, pero en el caso de un abuelito, una herida en el pie, por ejemplo, además de ser muy dolorosa, puede resultar muy peligrosa. Un estudio indica que los hombres de 85 años normalmente sufren una media de cuatro enfermedades, mientras las mujeres sufren una media de cinco.

Sin embargo, hasta ahora no hay un país en el mundo que haya invertido recursos para ayudar a sus ciudadanos a revertir el envejecimiento. Y como la vejez es una enfermedad, hay muchos científicos que hoy están trabajando en tratarla.

Pon mucha atención en esto: "Sentirte más joven de lo que eres, predice una mortalidad más baja y una habilidad cognitiva superior más adelante." Si te sientes de 20 años, tendrás 20 años. Si te sientes de 40, créeme, tendrás 40. Si sientes que te mueres, tristemente te estarás "apagando". No importa la "edad humana" que tengas, tienes la edad que quieres y sientes tener.

Según los médicos, aun sin tener la tecnología de ahora para detener el envejecimiento, sin importar quién seas o dónde estés leyendo el libro, lo joven o maduro que estés, o lo poco o mucho que ganes hoy, puedes activar tus genes de la longevidad en este momento.

¿Recuerdas el lugar que te platiqué de China donde los habitantes son más longevos? Bueno, en Netflix hay un documental de Zac Efron llamado *Con los pies en la tierra* que te recomiendo mucho. En éste mi excolega de Disney se reúne con el doctor Valter Longo, director del Centro de Longevidad, y con el doctor Giovanni Pes, uno de los científicos que acuñó el término "zonas azules", e investigan los lugares del mundo donde se encuentra el mayor número de centenarios, personas que viven más de cien años, ¡qué cool!

Okinawa, Japón; Nicoya, Costa Rica y Cerdeña, Italia, son ciudades conocidas como "zonas azules" y fueron retomadas en el 2000 por el escritor Dan Buettner. La pregunta es: ¿Qué tienen estos sitios que hacen que las personas vivan más de cien años?

La comida de los habitantes de estas zonas fue el primer foco de investigación, las famosas "dietas de la longevidad". Anota estos consejos: consumen más verduras, más legumbres y más cereales integrales, y menos carne, lácteos y azúcar, ¡menos postres, familia!

El primer supersecreto antienvejecimiento

¡No comas tanto! Creo que en este momento de mi vida estoy en la mejor etapa física. Y como ya te conté, siempre he realizado actividad física y me encanta el deporte, pero jamás me había sentido como ahora. Y te quiero contar un secreto que me ha dado grandes resultados. Toda mi vida fui el "flaquito" de la clase, de hecho mi madre me dio todo tipo de remedios para subir de peso: extracto de hígado de bacalao, levadura de cerveza y un sinfín de vitaminas (mis favoritas eran las de Los Picapiedra). Con el paso del tiempo mi familia y yo nos dimos cuenta de que siempre sería delgado, porque ésa era mi complexión y porque hacía mucha actividad física. Durante toda mi vida me he alimentado sanamente, no suelo tomar refrescos, ni pan ni consumo mucha azúcar (de hecho, casi nada).

Pero fue hasta el 2020 que mi cuerpo empezó a cambiar por primera vez en mi vida, y no de la mejor manera. Más allá de seguir delgado, empecé a ver que mi abdomen comenzaba a desdibujarse y a salirme una ligera pancita que jamás había tenido.

Seguramente muchos se sentirán reflejados con el hecho de que el período de la pandemia no fue nuestro mejor momento físico, porque por más que hacía ejercicio, el estar encerrado más tiempo en casa significaba más tiempo en mi sillón viendo mis series favoritas. A finales del 2020 estaba un poco preocupado y no era porque había perdido la tonificación de mi abdomen, el verdadero problema era que me empezaba a alimentar más y hacía menos actividad física ¡dos cosas que no se pueden combinar!

Por el mes de noviembre de ese año que comenzó la pandemia un amigo me recomendó un médico bariatra, ellos son los especialistas en ayudarle a las personas a llegar a un peso ideal. La principal diferencia entre un nutriólogo y un bariatra es la especialidad médica, pues mientras el nutriólogo estudia cuatro años nutrición, el bariatra estudia primero la carrera de medicina y posteriormente se especializa en bariatría. Comencé a ir con él y por primera vez en mi vida me dieron una "dieta". Al principio esa palabra me causaba terror, jamás me habían restringido la comida, al contrario, en varias etapas de mi vida comí de más para subir de peso. Pues gracias a este médico y a lo disciplinado que soy cuando me propongo algo, empecé a notar cambios espectaculares en mí. En unas semanas comencé a sentirme mejor, y en un mes volví a notar los "cuadritos" en mi abdomen. Mis niveles de grasa habían bajado significativamente y mi masa muscular comenzó a subir.

Es muy complicado hacer que la gente adopte la idea de comer menos, pues ¡hoy en día lo tenemos todo al alcance de abrir el refrigerador! Hace falta muchísima fuerza de voluntad. Como te expliqué, existe una importante correlación entre el ayuno intermitente y la longevidad. En la isla Icaria, en Grecia, un tercio de la población vive más de noventa años y por su religión practican el ayuno durante gran parte del año. En muchos casos les prohíben comer lácteos, carne y huevo.

Las carnes rojas procesadas son terribles y muy dañinas: hotdogs, tocino o jamón, y según la conclusión de varios estudios, pueden ser cancerígenas. Seguramente has escuchado que los vegetarianos tienen pocas enfermedades cardiovasculares y la tasa de vegetarianos con cáncer es mucho menor a la de quienes sí comen carne.

Mis famosas cápsulas de resveratrol

¡Sí, otro secreto más! Ya conoces varias de mis prácticas y algunos alimentos que trato de consumir frecuentemente y cuáles evito. Ahora te quiero hablar del resveratrol. Sí, los antioxidantes estaban de moda desde 2002, pero ahora se habla mucho del resveratrol, una molécula natural que se encuentra en el vino tinto y que muchas plantas producen cuando son sometidas al estrés (igual que nuestro cuerpo, ¿recuerdas?).

¿Por qué los franceses tienen menos incidencia en enfermedades cardiovasculares? Pues quizá esta molécula que se encuentra en el vino tinto tenga mucho que ver.

Conoce más del proceso de envejecimiento

Los signos del envejecimiento provienen de dos fuentes: interna y externa. Ambas desgastan la piel, ya que afectan la elastina, el colágeno y los tejidos grasos saludables. Esto ocasiona una piel arrugada, flácida y manchada.

El envejecimiento interno ocurre dentro del cuerpo debido a factores difíciles de controlar y se ve influenciado por la genética, daños causados por radicales libres y la disminución de la capacidad del cuerpo para regenerarse.

El envejecimiento externo es causado por factores ambientales y algunos comportamientos que podemos modificar, éstos son: la exposición al sol, la nutrición, la privación del sueño, la deshidratación y el tabaquismo.

Tienes piel de bebé: ¡Cuídala!

Aunque el envejecimiento es un proceso natural, hay muchos factores que lo aceleran. La mejor manera de prevenir los signos de envejecimiento prematuro es nutrir la piel todos los días, reforzar sus defensas naturales y restaurarla para tener una piel bella toda la vida.

En el pasado, los científicos creían que se podía hacer muy poco para frenar el proceso de envejecimiento interno del cuerpo y sus manifestaciones visibles. Sin embargo, avances científicos recientes demuestran que el daño causado por los radicales libres podría ser el catalizador de muchos procesos internos de envejecimiento.

El sol causa 90% del envejecimiento externo, ¡cuidado con la exposición excesiva!

Los expertos en dermatología coinciden en que cuando se trata de la piel, el sol es el principal enemigo. El sol emite dos tipos de ondas de luz ultravioleta que la afectan de dos maneras muy diferentes.

Rayos UVA. Los rayos de onda larga eran relativamente desconocidos hasta mediados de la década de 1990. Estos rayos son muy poderosos, penetran nuestra ropa, las ventanas, los parabrisas y los sombreros. Incluso penetran la epidermis y llegan a la dermis de la piel. Es en la dermis donde se encuentra el colágeno, la elastina, los vasos sanguíneos y otros elementos que proporcionan firmeza en la piel. La exposición a los rayos UVA daña el colágeno y la elastina, lo que ocasiona flacidez en la piel.

Rayos UVB. Los rayos de onda corta penetran la capa superior de la piel (epidermis) y estimulan la producción de melanina, lo cual provoca que te broncees, pero si no sabes cómo hacerlo adecuadamente, puede ocasionarte quemaduras solares. Con el tiempo, la reacción natural de la piel a estos rayos es provocar manchas, incluso puede ser la principal causa del cáncer de piel.

Un tratamiento diario para el cuidado de la piel es la base para tener el cutis sano y radiante. En la búsqueda de los mejores productos muchas personas suelen recurrir a marcas costosas, pero lo que no saben es que estos productos se basan en sus nombres comerciales para justificar los costos, ya que emplean campañas publicitarias multimillonarias.

Siempre me gusta decir esto cuando hablo del cuidado de la piel con las personas que me preguntan qué productos usar. La recomendación número uno es ¡la limpieza!

Recuerdo que hace unos años, en una de mis visitas a Londres con un gran amigo mexicano que vive allá, Pepe (o Pepón, como le digo), llegué a su casa y se me había olvidado mi jabón para la cara, entonces le pregunté si me prestaba el suyo y me dijo que en el baño había. Cuando me metí a la regadera vi que únicamente había un jabón, ¡el de cuerpo! No pasó nada y me bañé, pero al salir le dije que no había encontrado el jabón para la cara y me contestó: "Es ése" (señalando el jabón corporal), y automáticamente le dije una frase que aún recordamos aunque ya pasaron muchos años: "¿Con el jabón de la cara te lavas el...?" No quiero poner la palabra que le dije, pero imagínense la carcajada que soltó. Yo estaba sorprendido de que el mismo jabón que usaba para el cuerpo lo usara también para la cara.

¿Por qué no hay que lavarse la cara con jabón? La piel del rostro es diferente a la de las otras partes del cuerpo y por lo tanto debe tratarse de forma distinta.

Por ejemplo, la piel de la cara es más delicada que la del resto del cuerpo, tiene más aceites naturales y sebo. Los jabones para el cuerpo son abrasivos y pueden secar el cutis, despojándolo de su humedad y haciéndolo susceptible al enrojecimiento y posteriormente a las arrugas.

Los mejores amigos de la piel: los tetrapéptidos. Aunque hay muchos tipos de péptidos, los tetrapéptidos son los más avanzados en tecnología de péptidos.

Bloqueador solar ¡el mejor producto que puedes comprar!

Tengo que confesarte que si en algo prefiero gastar dinero, antes que en un perfume caro o ropa de marca, es en productos que cuiden mi piel. Por dedicarme a la industria del entretenimiento, la piel sufre mucho: maquillaje todos los días, exposición a las luces intensas de los estudios, el seguidor del teatro (la luz fuerte y blanca que ilumina al actor o actriz), etcétera. Y no es que me importe mucho si me salen arrugas o no, para mí es lo de menos, pero sí me nace en mí el deseo de cuidar mi piel por todo el daño que le provoco a diario.

Por eso antes que comprar un cinturón de marca o una loción increíble, prefiero adquirir una buena línea de cuidado facial que limpie mi piel y la proteja. Sin duda, uno de los productos que se tiene que convertir en tu favorito es el bloqueador solar.

La exposición a los rayos de sol y a los de luz azul (computadoras y smartphones) va afectando tu piel de manera importante. Mi dermatóloga y la gran mayoría de especialistas, recomiendan usarlo todos los días (aunque no salgas de tu casa).

Cuando voy a la playa, es lo primero que meto en mi maleta. Un buen protector solar de cara y otro de cuerpo es algo que jamás puedo olvidar. Usar diariamente un buen protector solar te ayudará a:

- Retrasar el envejecimiento de la piel.
- Evitar manchas.
- Prolongar tu bronceado.
- Hidratar tu piel.
- Protegerte de los daños provocados por los rayos UV.

¡Observa tus manchas! Uno de los principales signos del envejecimiento es la aparición de pequeñas manchas de decoloración en el rostro. Éstas, también conocidas como manchas de la edad, son resultado de la exposición al sol.

Una teoría radical sobre el envejecimiento

Los radicales libres hacen estragos en el cuerpo y dañan el ADN de las células. Nuevas evidencias científicas sugieren que este daño acelera los procesos relacionados con el envejecimiento.

El deseo de contrarrestar y retrasar los signos del envejecimiento parece ser tan antiguo como el tiempo mismo. Por ejemplo, evidencias arqueológicas demuestran que algunas personas en China preparaban e ingerían un elaborado polvo para aclarar el tono de su piel. Las mujeres romanas eliminaban las manchas del sol con mascarillas de excremento de cocodrilo.

La realidad es que las fórmulas más caras se basan en ácidos alfa hidróxidos o cremas con retinoides. Lo malo es que estos productos —que no son caros— se venden en empaques llamativos y los clientes pagamos el alto costo de las campañas publicitarias.

Ahora, un dato curioso y cultural: cuenta la leyenda que la hermosa reina egipcia Cleopatra se bañaba en leche para conservar la apariencia joven y suave de su piel. Es posible que ella haya descubierto algo. El ácido láctico de la leche es fuente de ácido alfa hidróxido, el cual reduce la apariencia de las manchas del sol.

Nuestro cuerpo

Nuestro cuerpo. Nuestro templo. Es muy importante hacer consciencia corporal. Esta consciencia nos permite no sólo depurarlo, sanarlo, alimentarlo, sino también conectar con él creando una comunicación clara y orgánica. Mientras nuestro cuerpo se encuentre más saludable y nuestra energía más vital, será más sencillo aprender a escucharlo y entender profundamente la conexión tan honda con nuestro mundo emocional y espiritual.

Es muy importante saber que nuestro cuerpo comunica a través de su desarrollo y sus posibles síntomas. Y desde ese canal de comunicación, leer las señales que manda para saber hacia dónde tenemos que enfocar nuestra atención.

El primer paso para tener consciencia de él es la aceptación. El camino de la aceptación de nuestro cuerpo no es fácil. Vivimos bombardeados por imágenes de cuerpos rebasados de expectativas y de una limitada definición sobre lo que es un cuerpo hermoso. Esta imagen limitada ha lastimado mucho nuestra autoestima causando un rechazo a todo lo que esté lejos de esa idealización corporal.

Debemos aprender a buscar la salud de nuestro cuerpo, no querer alcanzar un concepto y estándar erróneo de belleza. Todos somos únicos. Todos somos diferentes. Todos nuestros cuerpos son hermosos cuando existe aceptación y consciencia de ellos. Dejemos a un lado las exigencias obsoletas del afuera y comencemos por darle valor a lo que realmente importa y trasciende.

La belleza está en el ojo de quien la descubre.

CONCLUSIONES
La felicidad es amor

Al final, estoy segura de que el amor es lo que cura, lo que nos mueve e inspira. Es el detonante que nos dispara hacia la realización individual. El amor es un estado de consciencia que nos conecta con nuestra profundidad, nos alienta a descentralizarnos y abrirnos al mundo compartido mientras nos acomodamos en una autoaceptación genuina y amorosa.

¿Por qué insisto en esto? Porque el amor es potencia y pasión, deseo de conocimiento y realización espiritual, es anhelo y logro, emoción y conocimiento puro, aceptación y aventura.

Al final, nos damos cuenta de que la felicidad que arroja el recibir y dar amor está más relacionada con una responsabilidad propia y una elección que no está condicionada por situaciones del azar. La paz y la serenidad surgidas del amor comienzan a ser cultivos a los cuales tenemos acceso directo por medio de un camino despejado.

Poco a poco empezamos a sentir cómo se alimenta nuestro cuerpo y nuestra mente de manera consciente. Nos damos cuenta de que debemos seguir abiertos a nuestra actualización como personas y debemos invertir intención y tiempo en los cambios de nuestra intimidad. Aprendemos que lo que transmuta realmente el dolor es la mirada íntima hacia nuestra realidad espiritual, que a su vez nos hace recuperar el sentido de la vida y hace brotar la plenitud de nuestro ser.

Ahora tenemos en nuestras manos la certeza de que si invertimos en nuestro desarrollo, estaremos apostando por la liberación de todo lo que limita nuestra expansión y bienestar integral. Optar por el crecimiento nos conduce directamente hacia nuevas formas de vivir con mayor dimensión y calidad.

Ahora sabemos que el trabajo comienza por el propio cuerpo, apostando por el desarrollo saludable que de forma automática repercutirá en la forma de ver y sentir la vida. Junto a esto, el trabajo a nivel emocional y su aprendizaje para gestionar nuestras emociones de una manera más sana y consciente irá sembrando el cambio en nosotros desde nuestros espacios más hondos.

Desde nuestro profundo espacio espiritual llevamos la consigna de cultivar la ampliación de la consciencia con prácticas que nos ayuden a despejar el camino, como el yoga, la meditación, la contemplación, la creatividad, la apreciación de la belleza en todas sus formas, el cultivo de la atención plena en el aquí y en el ahora.

Y sí, al final comprendemos que el amor propio es el inicio de todo. Nos abrimos a un nuevo tipo de amor que brota de adentro hacia afuera y sólo de esta forma puede expandirse hacia los demás.

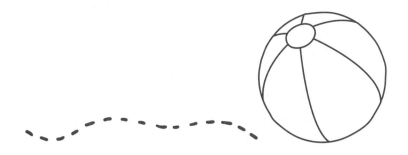

Crecer, compartir, crear y ser feliz

Tengo que confesarte que en los últimos meses de mi vida, cuando despierto, pienso en el tiempo. En mis cumpleaños pensaba que cada año que cumplía era uno menos. Ahora no sólo pienso en el tiempo cada año, sino que cada vez que despierto me invade esa triste sensación o melancolía.

La melancolía es una emoción que no había experimentado con frecuencia. Es extraño, aunque podemos sentirla cuando vemos una película triste, perdemos a un ser amado y también cuando algo muy bueno concluye. La primera vez que sentí esa emoción fue al terminar *Zapping Zone*, cuando se producía en México. Yo entré a Disney Channel y sólo estuve viviendo un año en la Ciudad de México, mientras ARGOS producía el programa, pero recuerdo que el final de ese año fue muy doloroso para todos. Cuando nos enteramos de que sólo uno de nosotros se iría a Argentina y los que laboraban en ese estudio se quedarían sin trabajo, sentí mucha tristeza, fue muy difícil hacer el programa en México los últimos meses.

Para hacer la despedida aún más dolorosa, vimos durante casi un mes cómo desmantelaban el gran foro de *Zapping Zone*, y lo que era un programa con una vista de 360 grados, fue perdiendo poco a poco los lugares que se podían mostrar en cámara. Recuerdo que terminamos *Zapping Zone* en México mostrando únicamente dos lados del estudio. En ese último programa no hubo ni una sonrisa, no hubo alegría, mucho menos magia. Era realmente la sensación de cuando pierdes a un familiar. Ésa era la causa de la melancolía: había terminado algo realmente espectacular en la vida de más de sesenta personas que trabajábamos ahí todos los días.

No sé si lo he escrito en redes sociales, pero las despedidas me entristecen mucho. Despedirme cada vez que viajo con mi hermano del alma Tona, que vive en Nueva York y con el que tengo una amistad de más de 15 años, me pesa mucho, y aún me ocurre cada vez que viajo de su departamento al aeropuerto JFK. Muchas veces lloro en el trayecto. Las despedidas son algo que aún no logro superar, creo que es parte de la vida, seguimos en constante aprendizaje y evolución.

Estos últimos meses —o quizá años de mi vida—, me despierto con esa sensación algunas mañanas. Y dándole vueltas y vueltas en mi cabeza he llegado a la conclusión de que no me gustaría, algún día, ya no abrir los ojos. Es difícil escribir del tema porque la emoción me lleva hasta las lágrimas, pero así es. ¿Qué sentido tiene trabajar? ¿Qué sentido tienen las cosas materiales? ¿Qué sentido tiene estar o no con algunas personas? El tiempo corre, y no lo hace como yo correría, corre como Usain Bolt; el tiempo es profesional, no para, no para nunca. A raíz de eso me di cuenta de que entraba a otra etapa distinta de mi vida, mi nivel de consciencia había llegado a una madurez que antes no reconocía o definitivamente no existía en mí. Si la melancolía, según los médicos, se puede sentir cuando es "el final de algo muy bueno", creo que eso empiezo a sentir por la vida.

Tal vez pienses que no hay de qué preocuparse a mi edad, pero todos sabemos que nadie nos asegura un día más, en realidad nadie puede asegurarnos ni una hora más de vida. Mi camino por esta aventura (como le llamo a mi vida) definitivamente ha sido maravilloso, estoy orgulloso de mí porque puedo presumir que le he sacado hasta la última gota a la vida. He vivido de lo que siempre había soñado, reído (y mucho), he aprendido, he llorado, he fracasado y también triunfado, he trabajado en varios países del mundo, me he topado con grandes seres humanos que he convertido en mi familia, he visto crecer a mis padres, a mis hermanas y a mis sobrinos y sobrinas, he visitado muchos países del mundo y he estado acompañado de maravillosas personas que han crecido conmigo durante muchos años (cada uno de ustedes). El camino no ha sido fácil, es un trabajo de mucha perseverancia, sacrificios y altibajos que he superado como todo un guerrero, y el resultado ha sido positivo, he sido y soy el hombre más feliz del mundo.

Hay un momento en la vida en el que tienes que regresarles a los demás las bendiciones que te da Dios, el destino o el poder superior, como quieras llamarle. La vida tiene otro sentido cuando lo haces. Son cambios en tu vida que transforman tu espíritu. Este libro tiene mi corazón plasmado en cada una de sus páginas, por eso tenía que escribirlo con una de las personas que más amo de forma incondicional, mi hermana. Por eso este libro es uno de los proyectos más grandiosos en los que he intervenido durante toda mi vida.

Estoy trabajando mucho en comprender que por más aferrado que esté a la emoción de la vida, tengo que madurar para darle paso a lo que sigue, porque la vida es una evolución constante, nada es estático, nada es para siempre. Disfruto cada vez más todos esos bellos momentos que la vida me regala y, sobre todo, a las nuevas personas que llegan a mí para dejarme algo valioso. Espero de todo corazón que este libro te haya hecho reflexionar. También deseo que haya abierto la posibilidad de que continúes creciendo. Tú sabes que somos parte de un sistema perfecto de equilibrio: mente, cuerpo y espíritu.

Quiero que al terminar de leer este libro, lo pongas en un lugar muy especial para ti y lo que subrayaste o señalaste en sus páginas te recuerde las cosas que necesitas para no olvidar tu nuevo camino en la vida: nunca pierdas tu dirección ni tus propósitos.

Soy Roger, un hombre con muchísimos sueños por cumplir y hoy te invito a que tú también luches por hacer realidad los tuyos. No hay imposibles, no hay límites, nadie te puede detener cuando se trata de luchar por tus sueños, pero también te pido una cosa: ¡jamás te limites tú! Fue un gran placer que me acompañaras en cada uno de estos capítulos junto a mi hermana Andy. Recuerda que a partir de hoy somos una comunidad, y de aquí en adelante estaremos conectados siempre. Son tantas las cosas que me quedan por decirte, pero no dudo que nos volveremos a encontrar en una nueva aventura… hasta entonces, ¡vive tu vida al máximo y sé tremendamente FELIZ!

TWEETS CON MAGIA

Somos una proyección. Lo que hables bien o mal de una persona es exactamente lo que tú eres.

Deja los celos para las personas que quieran poseerte. Y jamás confundas poseer con AMAR. Alguien que realmente te ama te dará LIBERTAD. El verdadero AMOR consiste en dejar "ser" a la persona que amas.

No me interesa si fuiste de vacaciones a Vail, si eres amigo de Mark Zuckerberg, si recibiste tal o cual premio o si trabajas en X empresa... me interesa cómo estás, cómo te sientes. No me importa el empaque. Me fascina conocer las emociones y sentimientos de las personas con las que hablo.

Vivimos en un mundo donde todos quieren monetizar su vida. Creo que no es por ahí. Las mejores cosas de la vida no se monetizan, son invaluables o así debería ser.

Realmente estuviste con la persona correcta cuando tu ex te desea lo mejor a pesar de terminar. Cuando no es así, esa persona fue sólo una experiencia más en tu camino. La gente que te amó SIEMPRE TE DESEARÁ LO MEJOR TODA LA VIDA.

Antes de criticar a alguien... tenemos que fijarnos cómo estamos en casa, porque a veces criticamos sin vernos primero. Recuerda, la gente que goza de una vida plena y feliz jamás critica a otras personas.

Si las oportunidades no llegan a ti, tú debes crearlas. A eso se le llama ser emprendedor; desafortunadamente en nuestro país no hay educación para serlo, te educan para ser empleado, para depender de alguien más. Urge romper con esta forma de pensamiento.

Quienes surfean saben que cuando piensan que van a caer... ¡se caen! Algo así ocurre en la vida, quien PIENSA que le pasará algo malo ¡le pasa!... ¡No atraigas cosas que no te correspondan! Vive con mentalidad positiva y atraerás cosas buenas a tu vida.

Si en tu vida te falta algo, el cuerpo es muy sabio y seguro a través de un malestar o enfermedad te darás cuenta (con sabiduría) de qué careces. Presta atención a la vida de las personas que siempre están enfermas: insomnio, gastritis, dolores de cabeza o cualquier enfermedad física. La enfermedad es un foco de alerta para prestar atención a nuestra mente y nuestra alma.

En las personas más tranquilas y silenciosas he encontrado a las más sabias e inteligentes. El que mucho habla, poco se escucha.

Entre menos te metas en la vida de los demás, mejor vivirás la tuya.

La gente con personalidad aprensiva vive enferma, que la gripa, la tosecita, el dolorcito... ¡Ya suelta! ¡Nada es más importante que SER FELIZ CADA DÍA!

Saber desprenderte del pasado te hará disfrutar el presente. El pasado sólo AMARGA y FRUSTA a las personas. APRENDE a soltar y a olvidar.

Es tan fácil hacer feliz a la persona que amas. Entre más sencillo, más razones para darte cuenta de que es la persona indicada.

Amo estar vivo y disfrutar la batalla por mis sueños.

AGRADECIMIENTOS

Haberme aventurado a escribir un libro es uno de los procesos más increíbles a los que me he enfrentado en la vida. Quizá abrir tu corazón y plasmar tus sentimientos en unas páginas requiera de mucha valentía. No dudo de que el proceso para escribir éste, mi segundo libro, me ha dado la oportunidad de crecer como ser humano y quiero agradecer a todos aquellos que están detrás de mí siempre, apoyándome, está claro que sin ustedes, no podría haber publicado estas páginas.

Primero quiero agradecer a mi hermana Andy, por aceptar esta aventura juntos: sabes que eres lo más importante en mi vida y que seas mi hermana es una de las bendiciones más grandes que puedo tener. Gracias por todo el tiempo que le dedicaste a cada una de las páginas. No tengo duda de que sin ti este libro no existiría. Te agradezco de todo corazón que hayas puesto tu alma en tus letras, para mí eres una extraordinaria escritora y espero que éste sea el comienzo de una oportunidad nueva en tu vida, no dejes de escribir, soy tu fan número uno, te amo desde siempre y por siempre.

Yo no estaría escribiendo, bueno, ni siquiera estuviera vivo, si no fuera por los dos mejores seres humanos de mi vida: mis padres. Gracias, papi y mami, por SIEMPRE estar a mi lado apoyándome, los amo intensamente, le pido siempre a Dios que nos dé la oportunidad de estar juntos muchos, muchos, muchos años más. Gracias por inspirarme a ser un mejor hombre cada día de mi vida, nunca imaginé lo feliz que sería si no fuera por la mezcla perfecta de ustedes dos.

Gracias también a mi hermana Gaby porque ella me enseñó a ser constante y perseverante durante toda mi vida. Tu familia es mi modelo para formar en un futuro la mía, amo profundamente a mis sobrinos Edy y Pato, son mi orgullo.

No puedo dejar de agradecer a la chispa de mi familia, Mía, mi sobrina. Amor mío, un día crecerás y sabrás que este libro es para ti donde quiera que estés, porque seguramente serás igual de viajera que yo, quiero que sepas que más allá de ser tu padrino y que siempre te cuidaré, eres un motivo muy importante para mí de amar la vida. Gracias, Mía, por enseñarme tanto sobre mi persona, gracias por tus largas carreras para brincar sobre mí y saludarme con tanto cariño, gracias por tomarte tantas selfies conmigo (me hace muy feliz eso), y gracias porque por ti sé que puedo tener hijos o hijas tan maravillosos como tú.

En cada una de estas páginas, también están todos y cada uno de mis amigos que me han acompañado en todas las historias plasmadas aquí: Chino, eres un ángel oriental para mí, es un honor ser tu hermano. Dani, no tengo palabras para agradecerte lo que cada día provocas en mí, amo tu hermosa esencia que vive y vivirá siempre en mí, me has marcado el corazón. Gracias a mis amigos del alma: Fran Alor, China, Kike, Joss. Viri por enamorarme de La Paz. Luis Guerra, Tona y su familia, Vale Cuevas y su familia, por recibirme con tanto amor. Poncho Romo, mi financiero y hermano desde hace tantos años. Mis amigos de España: Joel, Isma y Pau, Carlos Marco, Kenya Saiz y Andre Guasch y su increíble pareja Rosco. Gracias, Ale y María, por hacerme sentir siempre en casa, saben que Playa del Carmen es mi lugar de encuentro, mi conexión con la Tierra, las amo a las dos. Gracias, Ale, por enseñarme tanto con sólo escucharte y observarte, tu familia es hermosa.

Tengo la fortuna de trabajar en dos maravillosas empresas: TV Azteca y EXA FM, no sólo son dos lugares a los que voy todos los días, son dos familias completamente distintas y cada día de mi vida aprendo tanto de ellas. A través de los años se han convertido en mis segundas casas, he hecho grandes amistades y son parte de mi familia. En TV Azteca, gracias amigo y hermano Dio Lluberes y querida Sandra Smester por creer en mí y ayudarme en mi desarrollo como conductor de televisión, siempre agradeceré de todo corazón las oportunidades que me dan en la televisora. Gracias, Angel Aponte, por ser mi amigo más que mi productor, aprendo mucho de ti, lo sabes.

Y en EXA FM, donde casi cumplo una década de labores, le agradezco mucho a la familia Vargas por la oportunidad de trabajar en una empresa tan extraordinaria. Especialmente dentro de la familia de MVS Radio, agradezco de todo corazón a mi mentor y una de las personas que más admiro en mi carrera: Jessie Cervantes. Una vez más, querido Jessie, no tengo palabras para agradecerte el apoyo que me brindas para desarrollarme como locutor de radio, tú sabes perfectamente cuánto me apasiona esta carrera y tú siempre has sido y serás un referente para mí como líder y locutor.

Gracias, Pollo Cervantes, por ser el mejor líder de EXA FM, gracias a mi productor José Andrés Castro: sin ti no podría estar al aire con tanta felicidad como lo estoy todos los días en esa cabina, a todo mi grandioso equipo de la radio: Maily, Mariana, Angelito y Chris Barrera, y a todos los "inges" que me salvan en muchas ocasiones para siempre hacer la radio en vivo esté en el lugar del mundo en que esté; también gracias a mi querido Richie.

Gracias a mi socio Santi porque recién empezamos una de las más grandes aventuras de nuestras vidas juntos. Ya lo sabes, hasta no descorchar una buena botella en Italia no paramos: eres un gran ejemplo de valores para mí, vamos por muchas más juntas con los CEO más importantes del país. Gracias a todo el equipo de mi nueva oficina de managment, en especial a Pablito, por creer en mí y en mi proyecto de carrera profesional frente a las cámaras. Un artista nunca está solo y siempre está acompañado de grandes marcas que creen en su trabajo, especialmente quiero agradecer a las marcas que han depositado su confianza en mí y en mi talento, no menciono en estos agradecimientos a todas, pero sí las que me han acompañado durante mis últimos años con grandes proyectos: Aeroméxico (los amo, gracias, Jaime, por llevarme a todos los rincones del mundo), Apple, Walmart, Telcel, Bimbo, Oxxo, Banco Azteca, GNP Seguros, Mercado Libre, Alpura, BBVA, entre muchas muchas más, ¡Gracias por confiar sus marcas en mí!

Y para cerrar estos agradecimientos, quiero agradecerte especialmente a ti que estás leyendo estas páginas, gracias por ser mi inspiración, mi motivo para despertarme todos los días y dar lo mejor de mí, gracias por motivarme a ser siempre creativo y mantenerme inspirado por años y años, gracias con todo mi corazón por hacerme el hombre más feliz del mundo, por acompañarme en todos mis proyectos y por darme incondicionalmente tanto amor. Sin ti, querida amiga, querido amigo, todo lo que he soñado desde niño jamás podría haberse hecho realidad.

Roger

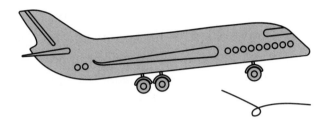

Siempre he pensado que la gratitud es un gran blindaje. Sentir la gratitud como una especie de expansión en nuestra alma que desemboca en una sonrisa discreta es un regalo para quien la vive.

Quiero expresar mi profunda gratitud a mi hermano Roger, quien un día llegó a casa para invitarme a participar en este bellísimo proyecto, que además se convirtió en un hermoso puente entre tú, que me lees, y yo. Colaborar con mi hermano me hace sentir un amor determinante y la confianza infinita que existe entre los dos. Gracias, Broco, por compartirme tu luz, disciplina y pasión todos los días de mi vida. Gracias por amarme.

Gracias a mis padres. Imposible ser la mujer que hoy soy sin la construcción de la historia que me sostiene en mi presente. Gracias, papi, por enseñarme que no debo permanecer ni un solo segundo en donde no me explote el corazón de pasión. Por enseñarme lo que es la verdadera entrega a lo mío y los míos. A vivir desde el humor. A tener un corazón generoso y humilde. Gracias, mami, por enseñarme lo enriquecedor que es el servicio, por tu amor y apoyo. Gracias a mi hermana Gaby, a Edu, Pato y Edy, porque observándolos me recuerdan lo que es vivir en familia desde el amor y la aceptación.

Gracias a la Universidad de la Comunicación, que me abrió sus brazos y su hermosa comunidad hace 3 años que llegué a la CDMX, dándome la gran oportunidad de acompañar a los alumnos y alumnas en sus procesos. Gracias infinitas a todos ellos, es un honor para mí que me permitan conocer y entrar a sus espacios tan profundos y privados. Admiro infinitamente su valentía por atravesar caminos sinuosos y dejarme estar a su lado. He aprendido como nunca en mi vida a través de sus experiencias de vida. Gracias en especial a Tam, por enseñarme que la sensibilidad juega para dos lados y que siempre existe la fuerza para seguir intentándolo, aunque a veces ni siquiera identifiquemos el porqué. Gracias, Tam, por recordarme que yo estuve ahí, que no estamos solas y que volveremos a extraviarnos mil veces más, pero siempre con este impulso de volver a nosotras. Te quiero y te extraño.

Gracias a Davo, Dan y Pat por mostrarme lo que es un verdadero trabajo en equipo, por apoyarme y enseñarme con su impecable experiencia, gracias por trascender nuestro vínculo laboral y convertirnos en verdaderos amigos. Gracias, Pat, por regalarme tu confianza todos los días y por ser la mejor mancuerna conmigo en nuestra misión de crear un cambio significativo en nuestro entorno. Admiro tu lucha, tu persistencia, tu sencillez, tu enorme empatía y tu generoso corazón. Gracias por tu apoyo, por tu escucha y por tu invaluable amistad, que gané para siempre.

Gracias a mis hermanas del alma, Ale y María. Gracias por su amor incondicional y por aceptarme sin ningún espacio de duda. Gracias a Ale por enseñarme —y recordarme— el verdadero significado de la vida, gracias por señalarme que la belleza y el aprendizaje está en todos los procesos, por más incómodos que sean y que todo es pasajero, pues sólo existe el momento presente. Gracias, María, por recordarme que todo es entretenimiento y que lo real sólo puede sentirse con FE; gracias por decirme una y otra vez que no olvide la mujer que soy y todo lo hermoso que tengo para compartir.

Gracias a mi Teresica, que cuida con tanto amor y entrega a mí y a mi familia todos los días desde hace tantos años.

Gracias al Alivio de mi vida que me desenreda la mente y el corazón con sus abrazos y que decide amarme con mis luces y sombras, enseñándome todos los días que las tormentas se atraviesan de la mano y no se huye de ellas cuando el amor empapa nuestros días. Gracias por demostrarme que la vida sí se puede resignificar con voluntad, disciplina y determinación. Gracias por enseñarme que el amor es un acto de valentía (aunque sea una estampida también).

Gracias a todos aquellos que han rozado mi vida y han dejado algo en mí. Y sobre todo, gracias a ti, amiga lectora, amigo lector, que me has regalado un pedacito de tu tiempo para permitirnos a mi hermano y a mí entrar en tu vida.

Gracias a todas las experiencias dolorosas e incómodas que me han regalado sus infinitos aprendizajes y sus grandes lecciones de aceptación. Gracias por enseñarme que sin dolor no hay crecimiento.

Guardé para el final dos agradecimientos muy profundos que me ponen el corazón a temblar: gracias a mi Maguita de ojos de cielo porque es la alquimista más grande que he conocido en toda mi vida. Porque vino con su alma vieja a enseñarle a esta mujer que soy a no vivir desde la mente sino a vivir desde el amor. Gracias, Mía, por ser el motor que pone a sentir todo mi ser, por sanarme con tus bailes, juegos y risas. Gracias por enseñarme que estamos aquí para acompañarnos ambas. Gracias por ser el arraigo y la raíz de esta nube que soy siempre flotando. Gracias por destejerme el alma una y otra vez con tus abrazos y tus "te amo". Eres el reflejo más bonito de mi vida. Gracias por enseñarme que sanamos cuando somos bien amados. Eres mi rincón favorito del mundo. Te amo.

Y cierro este lindo ejercicio de gratitud agradeciendo a ella, mi pedacito de estopa, a mi Luna. La Luna de mi vida que me enseñó lo que es el verdadero amor incondicional. Gracias por ser mi compañera de vida por 14 años, por amarme y haberme elegido todos los días como sólo tú lo hiciste. Alguien me dijo un día: "Luna nació sólo para mirarte, Andrea." Gracias por ser mi eterna compañía en todos mis viajes, mudanzas, duelos, separaciones, nacimientos. Gracias por amarme como sólo tú lo hiciste. Te llevaste una partecita de mi corazón contigo. Me consuela pensar que estás jugando debajo del puente, en el arcoíris, mientras me esperas. Te extraño todos los días. Sí, mi Lunis, venimos a amar. El que no ama, pierde. Nunca te olvido.

Andrea

"Llegaste temblando y hoy me haces temblar de amor cada día de mi vida. Gracias por inspirarme, por enseñarme y amarme."

Un llamado a la felicidad de Roger Gonzalez y Andrea Gonzalez
se terminó de imprimir en el mes de abril de 2022
en los talleres de
Grafimex Impresores S.A. de C.V.
Av. de las Torres No. 256 Valle de San Lorenzo
Iztapalapa, C.P. 09970, CDMX, Tel:3004-4444